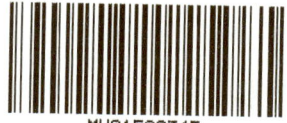

본격 대결 과학실험 만화

내일은 실험왕 ⑫

본격 대결 과학실험 만화

내일은 실험왕 ⑫ 공기의 대결

글 곰돌이 co. | **그림** 홍종현 | **감수** 박완규, (주)사이언피아 | **채색** 유기선 | **사진** POS 스튜디오, Shutterstock, Wikimedia Commons
찍은날 2009년 11월 13일 초판 1쇄 | **펴낸날** 2009년 11월 25일 초판 1쇄
펴낸이 김창식 | **본부장** 김상수 | **개발팀장** 박현미 | **기획·편집** 문영, 이영, 박소영, 이지웅, 전아랑 | **디자인** 박남희, 이유리, 박지연
마케팅 황선범, 안형태, 이정균, 천용호, 최병화, 정원식, 정동원, 김동명 | **홍보** 황영아, 김정아, 허인진 | **제작·관리** 이영호, 송정훈, 장동숙
펴낸곳 (주)미래엔 컬처그룹 | **주소** 서울시 서초구 잠원동 41-10 | **전화** 편집 02)3475-3920 마케팅 02)3475-3843~4 팩스 02)541-8249
출판등록 1950년 11월 1일 제16-67호 | **홈페이지** http://www.i-seum.com

부록으로 '양력으로 날아가는 부메랑 비행기' 실험 키트가 들어 있습니다.

ISBN 978-89-378-4764-6 77400
ISBN 978-89-378-4773-8(세트)

잘못된 책은 구입처에서 바꾸어 드립니다.
값은 뒤표지에 있습니다.

*(주)미래엔 컬처그룹은 대한교과서주식회사의 새로운 이름입니다.

아이세움 i-seum

본격 대결 과학실험 만화

내일은 실험왕 ⑫

글 곰돌이 co. | 그림 홍종현

아이세움

차례

등장인물

범우주

소속 새벽초등학교 실험반.

관찰 내용

- 최신 백과사전을 달달 외워서 부족한 이론을 극복하려 한다.
- 가설의 실험 비법을 전수받기 위해, 특별 훈련을 마다하지 않는다.
- 에릭의 뛰어난 실험 대결에 자극을 받아, 다른 사람들을 끌어당길 만큼의 매력적인 실험에 대한 갈증이 생긴다.

관찰 결과 단순한 암기를 넘어서 지식을 활용하는 방법을 터득하는 중이며, 양력에 대해서는 꽤 성공했다.

강원소

소속 새벽초등학교 실험반.

관찰 내용

- 반원들이 부족한 과학 상식으로 밀릴 때, 천사처럼 등장해 구원해 준다.
- 상대 팀에 대한 놀랄 만한 소식을 듣고도 침착한 태도를 유지하며 다음 대결을 준비한다.

관찰 결과 여전히 차갑고 무뚝뚝하지만, 성장하고 있는 반원들을 신뢰하고 있다.

나란이

소속 새벽초등학교 실험반.

관찰 내용

- 초롱이가 자기를 싫어한다는 사실을 모른 채 위로하려 한다.
- 힘들어하는 초롱이를 보고, 지난날 친구들의 도움으로 이겨 낼 수 있었던 자신의 모습을 떠올리며 고마워한다.
- 가설 선생님의 특별 훈련 이후, 우주의 달라진 모습을 발견한다.

관찰 결과 초롱이를 위로할 만큼 한층 성숙해졌으며, 부메랑처럼 실험 대회장에 돌아와 기쁜 마음으로 2차전을 준비한다.

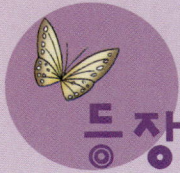

하지만

소속 새벽초등학교 실험반.

관찰 내용

- 태권도 대결에서의 사고로 충격 받은 초롱이를 걱정하며, 앞장서서 챙긴다.
- 메모장과 정보 수첩에 있는 내용 이외의 질문에는 대답을 못하고 당황한다.
- 확실한 소식통을 통해 상대 팀에 대한 소문과 전력을 미리 탐색한다.

관찰 결과 비밀 유지가 최우선인 정보 수집가답게, 상대 팀에 대한 전력을 자기네 팀에게까지 발설하지 않는다.

김초롱

소속 새벽초등학교 태권도반.

관찰 내용

- 태권도 대회에서 자신의 발차기에 상대 팀 선수가 쓰러지자 의기소침해한다.
- 무지막지하게 힘만 센 자신과 가녀린 나란이를 비교하며 탈의실로 숨어 버린다.
- 우주가 자신에 대한 얘기를 한다는 말에, 자신이 숨어 있다는 사실마저 잊을 만큼 기뻐한다.

관찰 결과 주위의 소중한 친구들을 돌아보며, 더 이상 도망치지 않기로 다짐하고 힘든 상황을 이겨 낸다.

에릭

소속 한별초등학교 실험반.

관찰 내용

- 과학자 집안의 실험 천재답게 부모님의 큰 기대를 받고 있다.
- 할머니가 위독하다는 소식을 듣자, 이것을 기회 삼아 가설 선생님을 되찾으려 한다.
- 2차전 대결에 참가하면서, 가설 선생님에 대한 마음을 다잡는다.

관찰 결과 가설 선생님에게 요청한 도움을 거절당한 뒤, 크게 충격을 받고 마치 다른 사람처럼 냉정하게 돌변한다.

기타 등장인물

❶ 특별한 준비물을 마련하고 우주에게 실험 비법을 가르쳐 주는 **가설 선생님.**

❷ 포옹과 뽀뽀로 태권도반과 실험반에 대한 전폭적인 지지를 표현하는 **교장 선생님.**

❸ 어두운 분위기를 풍기며 혼잣말을 일삼는 **천재원.**

제1화

우주의 새로운 작전

사락
멈칫

꽃피는 집
FLOWER & ST
이건…….
Gift flower
wedding
로즈제라늄
할머니의 향기야.
털썩
에릭, 이젠 엄마 아빠와
런던으로 가자꾸나!
너에게 맞는 교육을 받아야지.
그래야 할머니의 노벨상을
이을 수 있지 않겠니?
넌 우리 집안의 명예를
지켜야 할
사람이니까!

내가 널
가르쳐도
되겠니?
할머니께 부탁을 받았단다.
너희 할머니는 나의
선생님이시기도 하거든.
스윽
스으으..

…….
휘이이이..
할머니.
난 아직
부족한데…….
모두…….
내 손을 놓아 버려.
저벅
저벅
저기, 학생!
에릭 학생 맞지?
영국에서 부모님이 전화하셨어.
얼른 관리 사무실로 가 봐.
부모님이?!

최신
과학대백과
초등학생이 알아야 할
1001가지 기본 상식
연습실
응? 그건
무슨 책이냐?
최신 과학 대백과예요!!
초등학생이 알아야 할 1,001가지 기본 상식!
짠
최신
과학대백과
초등학생이 알아야 할
1001가지 기본 상식
이번 주 안에
이 책을 통째로
제 머릿속에
넣는 게
목표예요!
오~, 그래?
어디 한번 보자.
끄덕 끄덕
최신

호오~, 이런 거였군. 신기하네!
흐음~
띵~
과학대백과
…….
선생님, 이건 초등학생을 위한 거라고요!
저를 위한 오늘의 특훈은 안 하실 거예요?!
과학대백과
탁
휙
무슨 말씀~. 오늘은 특별한 준비물까지 있단다.
특별한 준비물? 새로운 약품인가요? 약품이라면 제가 완전히 꿰고 있으니, 말씀만 하세요!
바로 액체 질소란다.
아, 알아요. 애, 액체 질소는 그러니까…….
워이이잉
질소를 액화한 것으로 영하 196℃ 이하의 온도에서 액체가 된 거죠!
영하 196℃

그래, 액체 질소는 온도가 매우 낮으니까 피부에 닿지 않도록 조심해야 한단다.
스윽
스으으으
우아~.
액체 질소 실험이라~.
쪼르륵~
뒤적
뒤적
아, 여기 있다! 액체 질소 실험!
액체 질소에 꽃을 넣으면, 꽃의 수분이 얼어서 작은 충격에도 부서진다!
액체 질소
그래, 액체 질소의 낮은 온도가 순식간에 물질을 얼려 버리기 때문이지.
하지만 우리가 하려는 실험은…….
끼익
여기 이런 것도 있어요!
액체 질소에 넣었던 고무공은 꽃과는 다른 이유로 작은 충격에도 깨진다. 다른 이유……?
액체질소

그건 말이다,
고무의 분자 운동이 감소해서 탄성력을 잃기 때문이란다.
통~
팍
아…….
그럼 우린 캔을 가지고 하는 실험이니까…….
뒤적
뒤적
자, 이걸 봐라. 액체 질소를 넣은 음료수 캔 주변에 어떤 변화가 생겼지?
뒤적
뒤적
네?
둥!!
스
스
스
스
스
아, 성에가 꼈어요! 아이스크림 냉장고에 붙어 있는 것처럼요!
그래, 이것은…….
주위의 수증기가 낮은 온도의 액체 질소에 의해 응결되어 생긴 것이다!!

우아~! 역시 이 책에 다 있네요!
액체 질소 주위에 수증기가 모여, 성에가 맺히고 액체 산소가 생긴대요.
액체 산소라고?!
앗, 정말 물방울이 생겼네?
과학대백과
최신
산소의 끓는점은 영하 183℃로, 액체 질소의 온도가 그보다 낮아 그 주위에서 액화되는 것이다.
후…
자, 그럼 이 물방울이 진짜 산소인지 확인해 볼까?
찰칵

액체 산소에
불씨가 있는 향을
가까이 가져가면…….
스윽
불씨를
산소에
대면,
뒤적
뒤적
화륵
향의 불씨에서
불꽃이 살아난다.
중얼
중얼
불꽃이……!
스스스스

치지직‥
아……, 아깝다.
금방 꺼져 버리네.
최신
과학대백과
치
직
이 실험에 나온 세 가지 물질이 모두 포함된 것이 있는데,
그게 뭔지 알겠느냐?
그 책에 나와 있을까?
잠시만요!
당연~히 나와 있을 거예요!
촤라라락
그런데 세 가지 물질이라면,
질소와 질소에 의해 만들어진 산소, 그리고…….
그게 끝 아니에요? 다른 게 또 있어요?
질소와 산소,
그리고 향이 타면서 만들어진 마지막 물질.
아, 맞아요! 이산화탄소!
탄소가 든 물질이 연소할 때, 산소와 결합하면서 이산화탄소가 생기니까요.

그래, 예전에 태양초와의 대결에선 너도 이 사실을 잘 활용했잖니.
산성과 대리석이 반응할 때 이산화탄소가 나와.
네, 맞아요! 아유, 머릿속에 있는 걸…….
그런데 질소와 산소, 이산화탄소가 모두 포함된 물질이라…….
어디에 있지? 어서 나와라~.
뒤적 뒤적
바로 옆에 있지 않으냐. 눈을 크게 뜨고 보거라.
옆에요?
휙
위에!
위요?
뒤에!
뒤요? 헉……!
우두둑
못 찾았느냐? 항상 네 주위에 있는
공기 말이다!
네에? 공기라고요?!

고, 공기에 산소 말고 다른 게 들어 있는 거예요? 게다가 이렇게 위험한 질소까지?!
흡!
그래, 질소는 공기 중에 가장 많이 들어 있는 물질이야.
기타 1% (아르곤, 이산화탄소 등)
산소 21%
질소 78%
하지만 우리가 호흡할 때 사용하진 않는단다. 또 위험하지도 않지.
하긴, 숨 쉬어도 멀쩡하네요.
킁킁
킁
또 질소는 우리 몸을 구성하는 단백질에도 들어가는 성분이란다.
앗, 그럼 우리 몸속에도 질소가……?
아!
여기 있어요, 질소 순환!
토양이나 공기 중의 질소가 생물체에 이용되고 다시 토양으로 돌아가는 것!
공기 중의 질소
번개를 만나 질소 산화물이 됨.
식물에 흡수되어 단백질 합성.
동물의 시체나 배설물 속의 질소.
…….

딱 걸렸어, 질소 순환! 통째로 외워 주마!
질소는 산화물로 변해야 양분으로 사용된다!
중얼
중얼
중얼
음……, 그래.
…….
묵직
헤헤..
역시 뭔가가 들어가니 머리가 묵직해졌어요.
정말 그 책을 모두 외울 작정이냐?
벌떡
당연하죠! 실험 관련 지식들을 스펀지처럼 흡수해 버릴 거예요!
그리고 다음에 그 재수 없는 녀석이!
"기초도 모르는 녀석이 실험은 왜 하냐?"
또 그렇게 놀리면, 코를 납작하게 해 줄 거예요! 이 실험반에서 제게 가장 부족한 게 이론이니까요!
화악
두고 봐! 어떤 질문을 해도 아주 길고 긴 대답을 해 줄 테다!

이론도
좋지만…….
실험으로 그 애 코를
납작하게 해 주면
더 좋지 않겠느냐?
네?
내가 아무에게도
알려 주지 않은
실험 비법이 있는데…….
하긴, 책보다 더
좋은 비법이 없긴 하다만.
두 둥
실험 비법?!
아무에게도
알려 주지 않은
비밀……!
역시!
절대자에게는
비법이 있었어!
그걸
알아내기만
한다면……!

사부님!
그 비법을 제게 전수해 주세요!
후다닥
와락!
우후후후후..
네게 그 비법을 받을 만한 내공이 있을까?
그럼요~! 이래 봬도 스승님의 제1제자!
팡
팡
그렇다면 오후에 기숙사 뒤뜰로 나오너라. 준비하고 기다리마.
네! 사부!!
팡!

제15회 전국태권도대회
와~ 와아~
결승전이라니,
굉장해!
굉장하지?
특별히 부탁해서
얻은 자리거든!
가장 생동감 넘치게
대결을 볼 수 있는
최고의 자리지!
껄 껄
껄 껄
에헴!!
작년 우승 팀만이 누릴 수 있는
특혜라고나 할까?
봐~!
우리
학교야!
와아아

척!
와아~!
작년 우승 팀이야!
역시 분위기가 달라!
파이팅!
와··
결승전은 어떻게 진행되는 거예요?
흠~
아~.
그, 그게……, 이번 단체전 결승은 진행을 달리한다고 했는데…….
각 팀에서 다섯 명이 출전해 순서대로 겨뤄서, 세 명이 먼저 이긴 팀이 승리하는 거야.
옛날에 사용했던 방식이래.

다섯 명만?
그럼 다른 선수들은?
우린 후보야.
첫 번째 선수는
주장이고!
와아아
청!
홍!
차려!
경례!
꾸벅
꾸벅
와아아
겨루기 준비!
와아아
오!!
척..

꿀꺽
시작!
두둥
탁
탓
탓
퍽
빠아악
쿵
팍

와아~
홍! 승!!
와~
후유.
차려!
경례!
빡
삐익
새벽 운산
홍 청
1 1
청!
승!!
삑~
새벽 운산
홍 청
1 2
청!
펑
승!!

벌써 2대 1이야. 이번 대결은 반드시 이겨야 해! 그래야…….
어라?!
스윽
크흑!
마지막 선수인 초롱이가 출전할 수 있어!
청 감점!!
오오오오
좋았어! 상대 선수가 지체해서 감점당했어!
이대로라면……, 초롱이의 멋진 대결을 볼 수 있어!
삐이이
새벽 운산
홍 청
2 2
홍!
승!!

다음은 초롱이 순서야!!
이제 우승은 결정된 거나
다름없어!!
끄덕 끄덕
그,
그래?
초롱이가
그렇게 잘해?
어라, 너
초롱이를 잘
모르는구나?
초롱이는 정확한 판단력과
빠른 반사 신경을 가진
초등부의 최강자라고.
그것도 체급과 성별을
통틀어서 말이야!
우리 주장도
초롱이는 못 당해.
그러니까
지금 초롱이는,
둥…
상대 선수가
아니라…….
자기 자신과
겨루는 거로군.

자기 자신과
겨룰 만큼…….
초롱이
파이팅!
초롱이는
척…
강하다!!
두둥
두근
두근
어서
공격해!
머뭇거리지
말고!
슉
휘익
갈려!
청 경고!!
빠직
팡

부웅
틱
빙글
쾅
아……!
얼굴 공격 3점에,
상대 선수가 쓰러지면
카운트 1점!
총 4점이야.
하나,
둘!
후우..

왜 안
일어나지?
학생? 학생!
정신 차려!!
의료진!
여기 좀
봐 줘요!
빨리요!
헉..
헉..
헉..
끄으으..

실험 1 기압을 이용한 빨대 분무기 만들기

공기는 눈으로 보거나 만질 수는 없지만, 액체나 고체처럼 무게를 가지고 있습니다. 이것은 공기에도 중력이 작용한다는 것을 의미하는데, 이때 중력이 공기를 지구 중심 쪽으로 끌어당기면서 생기는 압력이 바로 기압입니다. 간단히 말해 기압이란 공기가 누르는 힘이며, 한정된 공간에 공기가 많을수록 즉 공기의 밀도가 클수록 높아집니다. 반대로 공기의 밀도가 작으면 기압도 낮아집니다.
이러한 기압의 힘을 다음의 실험으로 확인해 봅시다. 과연 공기의 힘으로 액체를 움직일 수 있을까요?

준비물 접히는 모양의 빨대 2개, 페트병, 고무찰흙, 가위, 드라이버

❶ 빨대 두 개 중 하나를 짧게 자릅니다.

❷ 가스레인지 등으로 드라이버를 달궈서 페트병 뚜껑에 빨대 넣을 구멍을 두 개 뚫습니다. (부모님의 도움을 받으세요.)

❸ 두 개의 구멍에 빨대를 넣고, 공기가 통하지 않도록 고무찰흙으로 단단히 막습니다.

❹ 짧은 빨대가 잠기지 않을 만큼 페트병에 물을 넣고 뚜껑을 닫습니다.

⑤ 짧은 빨대를 불면, 긴 빨대를 통해 물이 밖으로 뿜어져 나옵니다.

왜 그럴까요?

짧은 빨대로 공기를 불어 넣으면, 물병 속 공기는 밀도가 커지고 기압이 높아집니다. 이때, 압력이 높아진 공기가 물을 밀어내기 때문에, 물이 긴 빨대를 통해 밖으로 빠져나오는 것입니다. 공기를 세게 불어 넣으면 강한 압력이 생겨 강하고 빠른 물줄기가, 약하게 불어 넣으면 느리고 약한 물줄기가 나옵니다.

실험 2 미니 소화기 만들기

공기 속에는 저마다 다른 특징을 가진 여러 가지의 기체가 섞여 있습니다. 그중 산소는 불이 잘 타게 하고 이산화탄소는 불이 꺼지게 하는 특징이 있는데, 이러한 원리를 이용한 것이 소화기입니다. 직접 미니 소화기를 만들어서 생성되는 기체와 그 특징을 눈으로 확인해 봅시다.

준비물 페트병, 접히는 모양의 빨대, 식초, 소다, 드라이버, 고무찰흙, 휴지, 양초, 성냥

① 가스레인지 등으로 드라이버를 달궈서 페트병 뚜껑에 구멍을 냅니다.
(부모님의 도움을 받으세요.)

② 구멍 낸 뚜껑에 빨대를 길게 끼우고 공기가 새지 않도록 고무찰흙으로 단단히 막습니다.

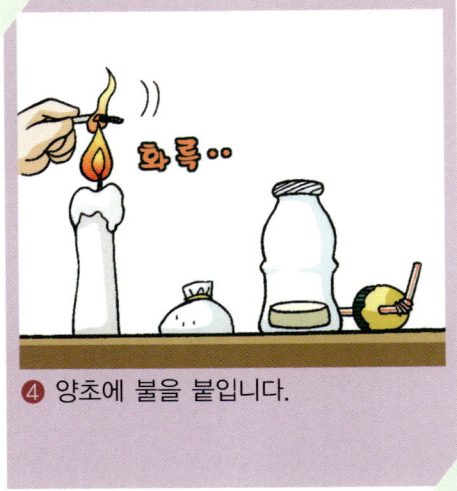

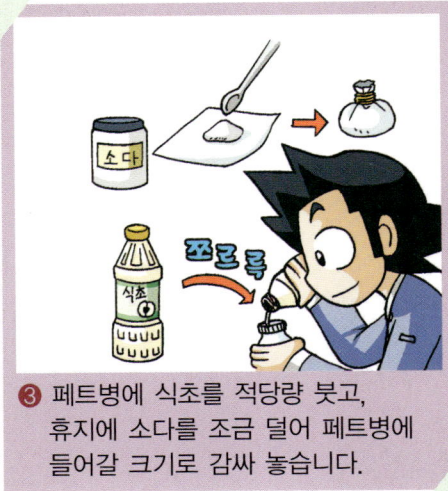

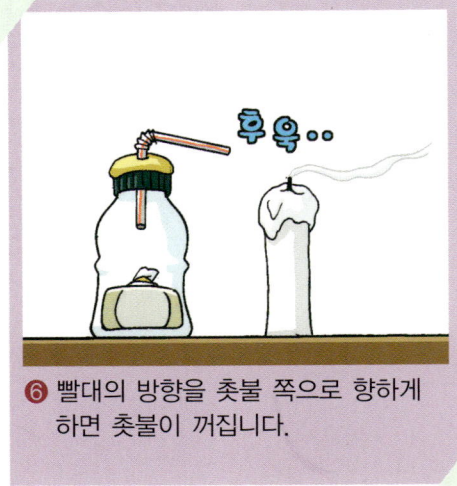

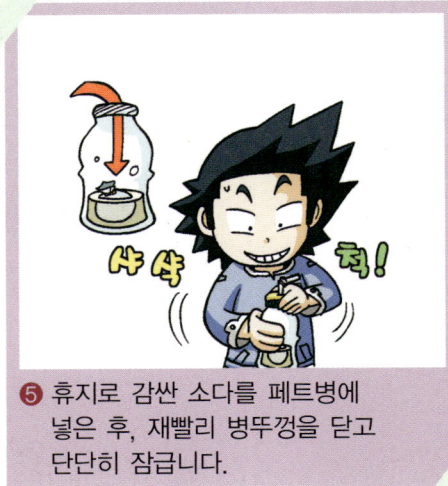

❸ 페트병에 식초를 적당량 붓고, 휴지에 소다를 조금 덜어 페트병에 들어갈 크기로 감싸 놓습니다.

❹ 양초에 불을 붙입니다.

❺ 휴지로 감싼 소다를 페트병에 넣은 후, 재빨리 병뚜껑을 닫고 단단히 잠급니다.

❻ 빨대의 방향을 촛불 쪽으로 향하게 하면 촛불이 꺼집니다.

왜 그럴까요?

어떤 물질이 타기 위해서는 산소, 탈 물질, 발화점 이상의 온도라는 세 가지 조건이 필요하며, 이 중 하나라도 없으면 불은 계속 타지 못합니다. 페트병 안의 소다와 식초가 만나면 이산화탄소가 생성되는데, 이 이산화탄소가 빨대를 통해 흘러나와 촛불 주변의 산소를 차단하기 때문에 촛불이 꺼지는 것입니다.

란이를 향한 내 사랑의 불씨를 꺼 줘~!
짝사랑은 힘들다……!
힝~
짝사랑?
나도 좀 빌려 줘.

제2화

적벽 대전의 비밀

제15회 전국태권도대회
호흡 장애예요!
수동 호흡기를!
여기 있습니다!
왜, 왜 저래? 초롱이는 그냥 규칙대로…….
초롱이 탓이 아니야.
응?
발차기의 충격으로 급성 호흡 장애가 일어난 것 같아.
숨을 못 쉰단 말이야?
쉬익
쉬익

괘, 괜찮지 않을까?
상처가 난 것도 아니잖아.
그래, 맞아.
휴~
아니야, 호흡 장애는 단순한 상처보다 훨씬 위험해.
특히 뇌세포는 30초만 산소 공급이 안 되어도, 죽기 시작한다고.
뭐? 뇌세포가 죽는다고?
어째서?
왜, 왜냐면 인간은,
호흡을 해야 살 수 있으니까.
뒤적 뒤적
그건 우리도 알아!
늘 숨을 쉬잖아!
그런데 왜 뇌세포냐고!
그러니까, 그건…….
그, 그래. 우리는 산소를 마시고 이산화탄소를 내보내는 호흡을 하고 있어.
후~ 하~
이산화탄소
산소
몸속에 들어온 산소는 폐를 통해 혈액으로 들어가서,
온몸의 세포로 운반되어 에너지 만드는 걸 돕는데, 숨을 쉬지 못한다면…….
이산화탄소
산소
적혈구
모세 혈관

그렇구나, 산소가 세포에 공급되지 못해서…….
아~
세포가 죽는다 이거지?
제법인데?
휴우우우
그런데 왜 하필 온몸의 세포 중에 뇌세포야?
둥!
헉, 악마다!
그건 말이지.
내 수첩의 정보는 여기까지라고.
뇌는 몸을 지탱하는 중추 신경계야. 약 145억 개의 뇌세포로 이루어져 있고 우리 몸속의 산소를 20%나 필요로 하지.
짠~
우직 우직
앗! 천사 원소다!
그래서 혈액 내 산소가 부족해지면, 소비량이 많은 뇌세포가 가장 먼저 영향을 받아서,
쉬익.. 쉬익..
뇌의 기능에 장애가 생기는 거야. 호흡 장애가 일어난 채로 3분이 지나면,
뇌세포는 재생이 불가능해져서 뇌사에 빠질 수도 있어.
뇌
뇌사……?!
쿵…!!

어째서 일어나지 않는 거야?
내가…….
설마…….
어서 들것을 가져오세요!
빨리!
쉬익
움찔
스윽..
하아…….
학생, 정신이 들어?
의식이 돌아왔나요?
네에.
그래도 일단 병원으로 데려가죠!
네.
끄덕
아, 다행이다. 정신을 차렸나 봐.
휴우..
하아

잠시 정신을 잃었던 거고, 괜찮을 거라는구나.
십년감수~.
정말요?
잘됐어요~.
휴우우~
김초롱 쟤, 정말 무섭지 않냐?
대회에서 저렇게 무지막지하게 공격을 해 대다니…….
어디 무서워서 대결하겠냐.
태권도 대결에 목숨까지 걸어야 한다는 거야, 뭐야?
아…….
무슨 여자애가 저렇게……!
앞으로 쟤랑 붙게 되면 무조건 기권이야.
그만해!
초롱이가
다 듣잖아!!

정말 무서운 애라니까.
초롱아…….
그만…….
그만해!
지만아…….
일부러 그런 것도 아니잖아.
대결 중에 일어난 사고일 뿐이라고!
뭐?
홍! 자리로 오세요.
척

터벅
터벅
판정이 났나 봐.
괜찮을 거야. 초롱이 잘못이 아니니까.
홍! 승!!
척
그럼 3대 2로,
우리가 단체전 우승이야!!
끄덕
와아아아
축하한다! 얘들아~!!
우웅~

아이고~,
귀여운 것들!
쪽 쪽
으악!!
초…….
스윽
초롱아…….
아…….
으으.
철컥
흥!
저벅
저벅

탁 탁 탁
탁 탁
우히히히~, 드디어!!
이 범우주 님이 실험의 비법을 전수받는 거야~!
두근 두근
그렇게만 되면!
내키진 않지만 네가 한 수 위란 걸 인정하지.
칫..
키힝~
이럴 수가! 범우주가 천재였다니……
풉!
우주야, 네가 세상에서 제일 똑똑하고 멋있어.
에헤헤헤
선생님, 저 왔어요!

오, 왔느냐?
나도 마침 준비를 끝냈지.
바로 이거다.
두둥
이건…….
재기 불능이 돼서……,
얼마 전부터 버려두었던 내 고물 자전거와 상당히…….
닮았는데?
멀뚱
멀뚱
으으으으으~
끼익
끼익
삐걱
삐걱
삐걱
그동안 고마웠어!
잠깐!!
이런……!
이건 닮은 게 아니라 그냥 제 자전거잖아요!
꾀죄죄
그래, 알아보겠느냐?
이걸 가져오느라 꽤 힘들었단다.

그런데 이 고물은……!
아니, 자전거는 왜 가져오셨어요?
이게 실험 비법이랑 무슨 상관이라고.
스윽 스윽
척
바로 이 자전거 속에 비법이 있거든.
에……?!
그럼 그렇지. 역시 넌 바보였어.
쓱
삐끔
삐끔
저, 선생님. 실례지만, 뭐 하시는 거죠?
자, 장난은 이제 그만~.
쓱
시원하게 실험 비법을 전수해 주셔야죠.
네?
으…….
탱
탱

그……,
빵
빵
그만!
그만요!!
쉬쉬
이익
팍
공기를 너무 많이
넣으셨어요.
꾹
꾹
무슨 소리~!
타이어에 공기가 부족하면
자전거 속도도 느려지고,
바닥에 닿는 면적이
커져서 타이어의
수명이 짧아지잖니.
흐물
흐물
그러니까
공기를 잔뜩
넣어 둬야지.
그만하면 됐어요!
뒤쪽은 제가 넣을게요.
척
공기를 너무 많이
넣어서 빵빵해지면,
달릴 때 자전거가
통통 튀어요!
통
통
엉덩이가 얼마나
아프다고요.
쉭쉭
쉭쉭

게다가 타이어 표면이 얇아지면, 빨리 닳아 버린다고요.
그러니까 너무 많지도 적지도 않게 적당히 넣어야 해요!
쉬익
쉬익
쉬익
됐다! 이 정도로요.
꾸욱
그 정도라…….
그걸 어떻게 알지? 적정한 타이어의 압력 말이다.
네?
타이어의 압력은 공기의 부피 변화 때문에 생긴다.
기체는 액체와 달리 압력에 의해 부피가 변하니까!
주사기
공기
꾸욱~
압축하면
부피가 줄어든다.
물
압축해도
꾸욱~
꾸욱~
부피가 줄지 않는다.
맞아요! 타이어에 물을 넣는다면 아무리 압축해도 부피가 줄지 않겠죠.
그래서 기체의 압력을 측정하려면, 정밀한 기계가 필요하다고 들었어요.

그런데 너는 정밀한 기계 없이도 알 수 있단 말이구나!
그야~, 매일 타다 보면 동물적인 감각이랄까? 뭐 그런…….
으악!
쭈욱
선생님!! 지, 지금 뭐 하시는 거예요?
뭐 하긴, 네 자전거를 깨끗이 닦아 주려는 거지.
스윽
질퍽
물은 안 돼!
아, 안 돼!
자전거야! 내가 지켜 줄게!
부웅
철퍽

우웨엑!
캑캑! 더, 더러워!
그러게 왜 뛰어드니? 자전거를 깨끗하게 해 주겠다는데.
그게…….
스윽
설마 날 못 믿는 게냐?
내가 너보다 훨씬 더 많이 공부했다는 걸 잊은 건 아니겠지?
네…….
그, 그래……. 선생님은 나보다 훨씬 잘 아시니까.
뚝 뚝..
그럼 계속해 볼까?
스윽
아……!
스으윽
하지만 저 자전거에 물이 닿으면……!

철컥
스윽
기름
선생님, 제가 할게요.
척
제 자전거는
제가 더 잘 알아요.
기름
응?
이 자전거는
동네 할아버지가
고물상에 팔려고
하시던 걸,
제가
1주일 동안
심부름을
해 드리고
가져온 거예요.
기름
척
쭈욱
쓱…
쓱…
그때는 지금보다
더 엉망이었죠.
이 자전거는
나만큼 늙었단다.
뭘요,
쌩쌩한걸요!
반짝

녹슨 곳을 닦아 내고 페인트를 칠하고,
매일 기름칠을 해 주었어요.
헤헤
넌 내 첫 번째 자전거니까!
지금 이 녀석을 물로 닦으면 단번에 녹이 슬어서 못 쓰게 될 거예요.
물로 닦으면 녹이 슨다고?
발끈
당연하죠!!
찌익
콱
저번에 비가 왔을 때 이 녀석을 깜빡하고 밖에 내버려 뒀더니……,
그때부터 완전히 구제 불능인걸요.
철물은 비를 맞으면, 금세 녹이 생긴다고요.
쏴아아아..
쏴아아아

그게 바로
산화 반응이지.
네, 맞아요.
산화 반……
산화 반응?
그래,
어떤 물질이 산소와
결합하는 것을
산화 반응이라고
한단다.
탄소
산소
C
O O
산화 반응
O C O
이산화탄소
철과 산소가
만나면, 산화철로
변하면서
붉은 녹이
생기는 것처럼
물은 철 원자를 산소와 더욱
반응하기 쉬운 상태로
만들기 때문에,
쏴아아
물에 닿은 철은
더 빨리 녹슬게
되는 거란다.
아! 그럼 자전거에
기름칠을 하는 이유는
물을 막기 위해서로군요!
반짝
반짝
물과 기름은
섞이지 않는 성질이
있으니까요!

철에 기름칠을 하면 물을 막아서,
산화 반응도 막을 수 있는 거였어요! 여태 그 원리를 몰랐다니!
반짝
역시 책을 더 많이 보고 공부해야 돼요!
산화·· 산화··
뒤적 뒤적
맞아, 공부는 중요하지.
하지만 가장 중요한 건, 책 속에 있는 게 아니란다.
네……?
그러고 보니 선생님…….
아!
녹슨 자전거를 물로 닦으면, 산화 반응이 생긴다는 걸 아셨으면서 아까 왜……?
〈삼국지〉를 아느냐?

유비, 관우, 장비가 나오는…….
三國志
끄덕
그래, 〈삼국지〉에는 유명한 전쟁 일화들이 있지.
그중에 적벽을 차지하기 위해 80만의 조조군과 5만의 유비 · 손권 연합군이 대결한
적벽 대전이 있었단다.
80만 대 5만이라니!
히야~
그래, 한 사람이 열여섯 명을 상대로 싸우는 것과 같지.
이런 불리한 상황에서 연합군이 이길 수 있는 작전은 화공법뿐이었어.
화공법이란 불로 적을 공격하는 것이란다.
하지만 그때 바람은 조조군에서 유비군 쪽으로 불어오고 있었어.
발사!
화르륵
휘이이잉
그럼 오히려 불이 유비군 쪽으로 번져서 위험하잖아요.
앗 뜨거!

그래, 그런데 유비의 책사인 제갈량이…….
제갈량
호호호호
며칠만 기다리시면 제가 바람의 방향을 바꾸겠습니다!
휙
네?! 바람의 방향을 바꾼다고요?
지구에는 다양한 바람이 있단다.
하루 중에도 방향이 바뀌는 해륙풍이나
땅
바다
계절의 변화와 대륙의 위치에 따라 생기는 계절풍,
겨울
여름
그리고 지구가 자전하면서 위도에 따라 다르게 불어오는 편서풍, 무역풍, 편동풍.
이 중 제갈량이 기다린 것은 바로 무역풍!
우아아아
며칠 뒤, 제갈량의 말대로 정말 바람의 방향이 바뀌었고,
이 바람을 이용해 유비의 5만 군대가 조조의 80만 군대를 격파하여 대승을 거두었지.

굉장해요!!
제갈량은 그때 이미
지구의 자전까지도 알고
있었군요!
감동!
아니, 제갈량은 지구의 자전이나
무역풍의 원리를 알고 있었던 건 아니다.
띵~
그저 당시 그 지역의
기후 변화를
잘 알았던 거지.
농사에 사용되던
기후 변화의 지식을
전쟁에 응용하여,
큰 승리를 이끈 거야.
제갈량이 단순히 지식을
습득하는 데 그쳤다면,
기후 변화를 알고 있었어도
전투에 이용하진 못했을 거다.
이것이 바로
과학자들의
실험 비법이다!!
깜짝
이게……,
비법이라고?

널 처음
만난 날도,
넌 지금처럼
자전거에 기름을
치고 있었지.
네?
난 그걸 보고
한눈에 알아챘단다.
넌 누구보다도 실험을
잘할 수 있는 재능을
가지고 있다는 걸.
그건 책이 아니라
네 마음에서
나오는 거였어.
마음……?
진정한 지식은
그 마음에서 나온단다.
그것은 공기처럼
늘 존재하지만
인식하기는 어렵지.
마음
안 보여.
지식
어디 있냐.
공기
안 만져져~.

실험의 비법을
알고 싶으냐?
네!!
벌떡
그렇다면!
네가 무엇을
알고 있는지 알고,
그걸 네 것으로
만들어라.
안다는 건,
외우거나 학습하는 게
아니란다.
안다는 것?!
원소도
그런 말을 했어.
그건 공기처럼
평생 그 실체를 모를 수도 있지만,
한번 깨닫게 되면 영원히
네 것이 되어, 누가 엿볼 수도
빼앗을 수도 없게 되지.
자신이 알고
싶은 게 무엇인지
분명히 아는 게
진짜 어려운 거야.
무슨 말인지
모르겠어!!
그런 건 책에
안 나온단 말이야!

하하하
으앙~
큭큭…….
그건,
스윽
선생님도 참.
그 녀석이 그런 말을
알아들을 리 없잖아.
시간 낭비야!
아니, 에릭 학생!
아직 여기 있었어?

사무실로 가 보라니까. 급한 전화라고 했단 말이야!
아, 도중에 잠시 친구를 만나서요.
안 되겠군, 같이 가자! 오죽하면 나더러 찾아오랬을까?
아, 저기…….
탁 탁 탁 탁 탁
철컥
Here he comes! Please wait.
(저기 오는군요! 기다리세요.)
후유~, 학생 부모님께서 여러 번 전화하셨어.
…….
Hello?
저 녀석은 대체 어디 갔던 거래요?
몰라요~.

……
……
mother?
Eric!
I' ve got news for you, even though you are not interested in us.
(네가 우리에게 관심 없는 건 알지만, 전해야 할 소식이 있단다.)
Yes…….
Your grandma is in the hospital now. She is seriously ill.
(할머니 지금 병원에 계셔. 상태가 심각해.)

쿠
쿵
She is only looking for you. Eric, it's urgent! (너만 찾으시는구나. 에릭, 급하단다!)
안 돼……, 할머니!!
할머니가……?!

앙투안 로랑 라부아지에(Antoine Laurent Lavoisier)

라부아지에(1743~1794)
근대 화학의 토대를 쌓았고, 화학을 과학의 한 분야로 정착시키는 데 큰 기여를 했습니다.

프랑스의 화학자 라부아지에는 질량 보존의 법칙을 발견하고 근대 화합물 명명법의 기초를 마련했습니다. 당시의 화학은 연금술에 기초를 두었는데, 모든 물질에는 플로지스톤이라는 성분이 있어서 물질이 타면 이것이 빠져나가고 그 자리를 공기가 채운다는 플로지스톤 이론이 지배적이었습니다. 그러나 라부아지에는 여러 가지 실험을 통해 그것이 틀렸음을 증명하였습니다. 물의 성분을 수소와 산소로 분리해 내고, 수소와 산소를 이용해 다시 물을 합성하는 데 성공하여, 모든 물질은 생성되거나 파괴되는 것이 아니라 형태가 바뀔 뿐이라는 질량 보존의 법칙을 확립한 것입니다.

또한 연소와 공기의 관계를 밝힌 3년 동안의 실험으로 산소의 정체를 밝혀냈으며, 산소를 마시고 이산화탄소를 내보내는 생물의 호흡 과정을 실험으로 증명하였고, 호흡이 연소와 같은 것이라는 사실을 밝혀 열화학의 기초를 닦았습니다.
무엇보다 중요한 그의 업적은 화학적 명명법을 정한 것입니다. 그는 당시 제각각이던 화합물을 분류하고 그리스어와 라틴어를 이용해 서른세 개의 원소명으로 발표하였습니다. 이것은 현재까지도 화학 술어의 기초가 되어, 라부아지에는 근대 화학의 아버지로 불리고 있습니다.

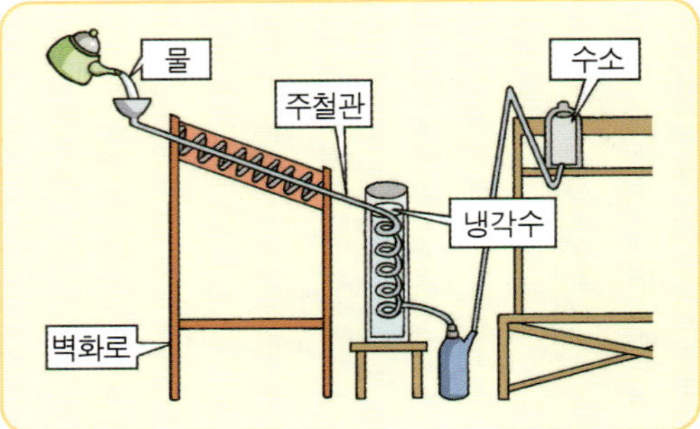

라부아지에의 물 분해 실험 장치
긴 주철관을 벽화로 속으로 통과시켜 뜨겁게 달군 후에 물을 통과시키면, 물로부터 분해된 산소는 주철관의 철과 결합하고, 수소는 냉각수를 통과하면서 모아진다.

라부아지에의 연소 실험 장치
주석을 밀폐된 플라스크에 넣고 가열하면서 연소 전과 후의 질량을 비교하여, 줄어든 공기의 질량과 늘어난 금속의 질량이 같은 것으로 질량 보존의 법칙을 증명해 냈다.

위험한 기체들

수소
산소
후후후…
물을 전기 분해 하면 수소와 산소가 2대 1의 비율로 생성되지!
물에서 얻은 수소로 에너지를 만들겠다는 거죠?
그래!! 이 수소만 있으면 무궁해 에너지를 만들 수 있어!
수소
스윽
뽕~
스멀
스멀
위대한 발명을
이루는 거지!
피유우우우
띠잉~
앗, 박사님! 수소를 가까이서 들이마시면 안 돼요!
우리가 호흡할 때 필요한 기체는 산소뿐입니다.
질소나 헬륨처럼 인체에 무해한 기체도 있지만
호흡에 영향을 주거나 몸 안에 흡수되면 생명이 위험해지는 기체도 많이 있습니다.
전문 기기나 실험에서 생성되는 수소는 무독성이지만, 가볍고 이동이 빨라 주변 공기의 산소 농도를 낮춰 질식을 일으킬 수 있으며, 전기 스파크나 작은 불씨에도 폭발합니다.
수소
으악!!
또한 표백, 살균 등에 자주 사용되는 염소는 독성이 강한 기체로, 적은 양으로도 눈, 코, 폐 등을 자극합니다.
또 염소는 물과 만나면 독성이 강한 염산이 되므로, 우리 몸 안의 수분과 결합하면 치명적입니다.
휘잉~!
이러한 기체 실험을 할 때는 환기에 신경 쓰고, 중독 증상이 있으면 일단 밖으로 나와서 병원에 연락합니다.

제3화

가설의 특별 훈련

제15회 전국태권도대회
게시판
단체전
우승
새벽초등학교
준우승
운산초등학교
여자탈의실
후유…….
내일이 개인전 결승…….
철컹
아, 맞다!
네 대결 상대, 김초롱 맞지?
뭐? 정말이야? 김초롱이라면 어제 그…….
상대편 선수를 반죽음으로 만든 애잖아! 너 어떡해?
우에엥~
난 몰라! 무서워 죽겠다고!

당연하지! 남자애들도 모두 겁먹었는걸!
그래, 걔 완전 괴물이래!
오싹~
뭐 그런 괴물 같은 여자애…….
흠칫
엇.
핫.
헉.
휴~우
화아악
꺄아!
괴물 같은 여자애…….
도망가자!
후다닥

뇌세포는 재생이
불가능해져서,
뇌사에 빠질
수도 있어.
그래, 내가
이 발로…….
싫어!!
내가 우주라도…….
푹…
나처럼 괴물 같은
여자애는
싫을 거야!

뭐라고?!
초롱이가 어제부터 안 보인다니!
혼자 연습한다더니 그 뒤로…….
회 전국태권
전국태권도 대회
아니, 그걸 왜 이제야 말하는 거야! 설마 무슨 일이 생긴 건……!
실은…….
어제 일 때문에 충격을 받은 것 같습니다! 그래도 내일 경기에는 나올 테니…….
버럭
무슨 소리야! 그래서 지금 어딨는데?!
…….
어제 일은 초롱이 잘못도 아니었고, 상대 선수도 별일 없이 퇴원했다잖아.
척!!

그래, 초롱이 잘못은 아니지. 하지만 초롱이는 한 번도 태권도로 상대를 다치게 한 적이 없어.
이번에는 초롱이의 의지와 상관없이 일어난 일이라, 더 힘들 거야.
어쩌면 내가 없는 편이 더 나을지도 몰라…….
그럼 초롱이도 나처럼……?
엄마야!
어떡해!!
후다닥
대체 어떻게 된 거야?
몰라, 김초롱이 왜 거기에 있지?
헉..
헉..
헉..
뭐?!
자, 잠깐! 지금 김초롱이라고 했어?!
으, 응.

초롱이가 저 안에 있어?
그렇다니까. 탈의실 구석에 귀신처럼 웅크리고 있던데?
지금은 없을지도 몰라. 워낙 번개같이 움직이잖아.
주장, 내가 가서 초롱이 데려올게!
뭐?!
야야, 어딜 가? 저긴 여자 탈의실이라고. 네가 무슨 수로 들어가겠다는 거야?
히이잉~
파닥
파닥
파닥
그럼 어떡해?!
초롱이는 지금도 혼자서 자책하고 있을 거 아냐!
그, 그렇지만…….

저……,
그럼.
내가 가 볼까?
뭐?
…….
뭐? 너, 너는
안…….
안 돼!!
헉
그래, 그게 좋겠구나.
란이 너밖에 없다,
어서 가 보렴.
췟!
그, 그건
그렇지만.
조, 조심해야 돼.
낌새가 이상하면
그냥 돌아와!
뜨악!!
우주가
좋아하는……,
란이!
그럼
다녀올게.
저 녀석을 보면
초롱이가
더 힘들 텐데…….
뭐라는 거야?

철컥
끼익
초롱아.
여기 있니?
깜짝
탁
…….
!
사사삭
나, 란이야.
나랑 얘기 좀 할래?
두리번 두리번
움찔

아…….
맞아.
휙
지금 혼자 있고 싶지? 그 기분……,
나도 알아.
알긴 뭘 알아?! 넌 예쁘고 여성스럽고, 게다가 우주의 관심을…….
쳇
나도 힘든 일이 생겼을 땐 혼자 있고 싶어서, 친구들을 피해 다녔거든.
친구들에게 미안해서 그러기도 했지만…….
어버버..
사실은 내 자신이 싫어서였어.
뭐……? 너도 네 자신이 싫을 때가 있었어?

친구들을 보면 어쩔 수 없이
내가 싫어하는 나를
자꾸 떠올리게 되고,
너 때문이
아니야.
실수 안 하려면
연습을 더 해.
걱정 마,
우린 괜찮아!!
팡
팡
......
나를 보는 친구들의
눈이 무서웠어.
뭐?
병원에 실려
갔다고?
괘,
괜찮아?
여자 괴물!
무서워!
덜덜덜
그런데 친구들은
그런 나의 바보 같은 모습만
보고 있는 게 아니더라.
내가 실수한 것보다,
오히려 나의 좋은 모습을
더 많이 기억하고 있었어.
......
만약 내가 계속 혼자였다면,
난 오랫동안 내가 싫어하는
내 모습만 보고 있었겠지.

친구들이 보는…….
너는 타고난 태권도인이다! 도망쳐서는 안 돼!
나의 모습…….
초롱이는 우리의 우상이야.
와~
와~
야, 김초롱! 너, 날 지켜 주는 거다!
물론 시간이 좀 더 필요하겠지.
모든 일은 하나의 과정일 뿐이란다.
이제 란이가 있으니까, 3차전은 문제없어.
하지만 친구들은 항상 네 곁에 있을 거야.
란이 넌, 우리의 네 잎 클로버야.

화끈
……
이런, 나 좀 봐. 나도 모르게 내 얘길 털어놓고 말았네.
미안, 우주가 네 얘기를 자주 해서
나도 네가 친한 친구로 느껴졌나 봐.
파삭
저, 정말? 우주가 내 얘길?!
깜짝
초롱아, 괜찮……!
우아앗!

아, 참!
멈칫
그, 그럼
난 이만 나갈게!
초롱이는
숨어 있는
거지…….
사람들한테는 그냥
네가 괜찮다고만
전할게…….
휙
…….
그래,
당장은 아니야.
초롱이에게도
생각할 시간이
필요하니까.
철컥
…….
퓽
아앗!
슈슈슉

바, 방금 뭔가 지나갔는데…….
바람인가?
휘이이이이
초롱아!
도대회
어디 있었던 거야? 한참 걱정했잖아!
역시 김초롱! 바람 같구나!
탁
탁
탁
초롱아.
다행이야. 정말 잘됐어!
왁자지껄
…….

어떡해야 할지 아직 잘 모르겠지만, 어쨌든 이제…….
도망치는 건 싫어!
꼬옥..
좋아, 좋아!
태권도반 우승의 주역인 초롱이도 돌아왔으니,
실험반도 힘내는 거다!
역시 초롱이는 용기 있어. 나도……, 분발할 거야!
네! 당연하죠!
그거랑 무슨 상관이에요.
우아아아
특히 강원소, 힘내라! 넌 실험반의 김초롱이잖니!
네?
드디어 내일이 2차전이야!
모~두
파이팅!

실험반이 결승에 올라가면 우리도 응원하러 가마!
약속했다!
하하하
제15회 전국 태권도 대회
휙
단번에 이겨 내다니, 역시 넌 대단해.
이번에도 내 도움이 필요 없게 되었군.
하지만 기꺼이 내 차례를 기다리지.
후후후후

탁
탁탁
탁탁
탁탁
탁탁
할머니!
기다려…….
아직 떠나면 안 돼!!
탁탁
내가
노벨상 타는 걸,
지켜보겠다고
했잖아!
그래서 가설 선생님을
내게 보내 주신 거고!
그러니까 제발…….
하아.
내가 갈 때까지
기다려 줘!
하아..
하아..

Telephone
Telephone
하아,
하아.
선생님도 많이
놀라실 텐데…….
이 소식을 들으면
당장 나와 함께
영국으로 가겠지?
그때 잡을 거야!
할머니가
바라던 대로.
꼭……!
척..

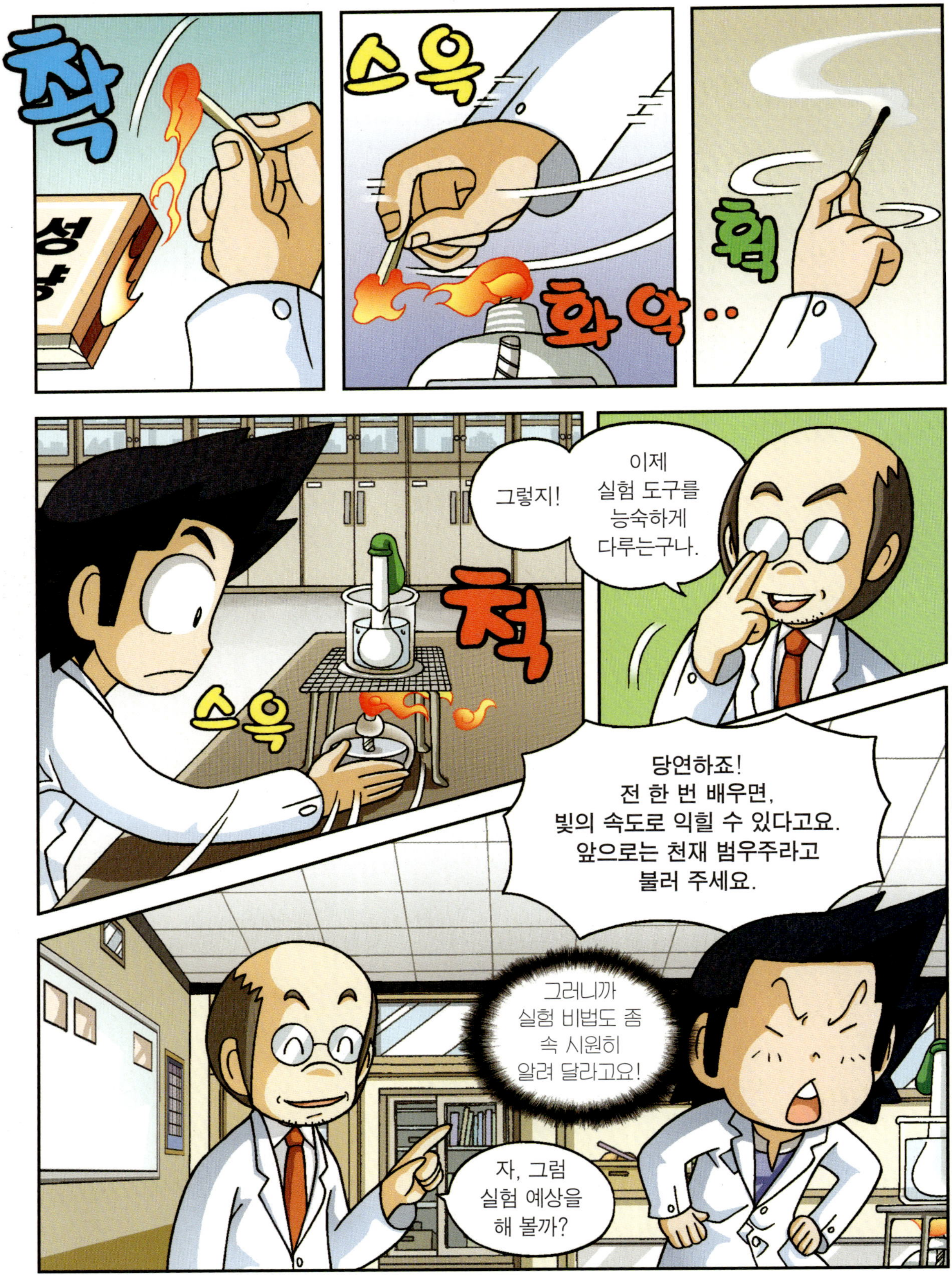
착
성냥
스윽
화악..
휙
스윽
척
그렇지!
이제 실험 도구를 능숙하게 다루는구나.
당연하죠! 전 한 번 배우면, 빛의 속도로 익힐 수 있다고요. 앞으로는 천재 범우주라고 불러 주세요.
그러니까 실험 비법도 좀 속 시원히 알려 달라고요!
자, 그럼 실험 예상을 해 볼까?

뻔하죠, 뭐.
물이 끓으면 플라스크에 끼운 풍선이 부풀어 오를 거예요.
스스스스
네? 그게…….
왜?
아, 들었는데……. 그때 뭐랬더라? 에릭이 실험에서…….
자, 캔을 가열해 볼게.
기체 분자가 열을 받으면 활발하게 움직이고……,
그럼 움직일 자리가 그만큼 더 필요하게 되니까……,
끄덕
플라스크 안의 공기가 팽창하면서 풍선은 점점…….
슈우우우욱

빵
빵
아, 이것 보세요!
제 말이 맞죠?!
정확하게
예측했구나.
그럼,
스윽
이 플라스크를
스윽
얼음 속에 넣으면
어떻게 될까?
자그락

온도가 내려가면서
기체 분자의 운동 속도가
감소하니까 풍선은 당연히!
스으으으...
푸슉~!
이렇게 되는 거죠.
지금은 우주 너도
당연히 알고 있는
지식이지만,
눈에 보이지 않는
기체의 이러한 성질을
알아내기까지, 과학자들은
부단히 노력했단다.
보일
(1627~1691)
샤를
(1746~1823)
특히 보일과 샤를은
기체의 부피에 대해,
서로 다른 성질을
발견해 냈지.
보일과
샤를……?
기체는 일정한 압력에서
온도가 1°C 높아질 때마다
0°C일 때 부피의 273분의 1씩 증가한다.
이것이 샤를의 법칙이지.
방금 우리가 했던
실험이군요!!
온도가
올라가면
부피도
증가
온도와 부피의 관계

또 같은 온도에서는 압력이 높아질수록 기체의 부피가 줄어든다!
이것이 보일의 법칙이지.
부피가 줄어든다.
압력이 높아지면
기체 압력과 부피의 관계
어? 그럼…….
자전거 타이어에 공기를 넣는 공기 펌프와 같은 원리예요?
압력으로 공기를 밀어서……, 아닌가?
아!!
그, 그렇구나!! 공기 펌프는 압력을 이용해서
공기의 부피를 줄이지!
압력
그래서 한정된 공간의 타이어 안에 많은 공기를 넣을 수 있고,
빵빵~
공기
타이어 속의 공기 밀도가 커져, 움직일 틈 없이 단단해지는 거예요!
짝

고기압
바로 그거다! 기체 분자가 많아지면 타이어 내부의 압력은
높아지게 되지!!
슈웅
날씨로 치면 타이어 내부는 고기압, 외부는 저기압?
찡~
우, 우주야!
부비부비
바로 그거야! 실험과 이론, 생활까지 완벽하게 연결하고 있구나.
이, 이론은 아직이에요. 전 샤를 씨나 보일 씨도 몰랐는걸요?
확
그렇지 않아.
지이이잉
지이이이잉

우주 넌
너만의…….
여보세요?
지이이잉
미끌
탁
과직
퍽!
아, 여보세요.
여보세요?
선생님,
나야…….
네? 여보세요?
누구시라고요?!

나야, 나!
에릭이라고!
아~, 그래.
에릭이로구나.
무슨 일
있는 거냐?
선생님……
그래,
말하거라.
응.
뭐?
?
쭈우욱
쨍그랑

생활 속의 기체들

우리는 한순간도 빠짐없이 공기 속에서 숨을 쉬며 생활합니다. 이 공기 중에는 호흡에 필요한 산소 외에도 여러 가지 기체들이 함께 있는데, 어떤 기체는 주변의 온도를 낮추기도 하고, 어떤 기체는 공기보다 가벼워서 물체를 떠오르게도 합니다. 이러한 기체의 고유한 특징들은 우리 생활 속에서 다양하게 활용되고 있습니다.

과자 봉지 속의 질소

빵빵한 과자 봉지 속에는 질소라는 기체가 들어 있습니다. 이것은 과자가 부서지지 않도록 보호하는 동시에, 바삭함을 유지할 수 있도록 도와줍니다. 질소는 반응성이 작아 다른 기체나 물질과 쉽게 결합하지 않기 때문입니다. 만약 과자 봉지 속에 산소처럼 다른 물질과 잘 반응하는 기체를 넣는다면, 산소가 과자의 성분과 결합하여 맛과 향기를 변하게 할 것입니다. 아르곤, 네온, 헬륨 등도 질소처럼 반응성이 작지만, 보통 공기 중에서 쉽게 구할 수 있고 값이 싼 질소를 사용합니다.

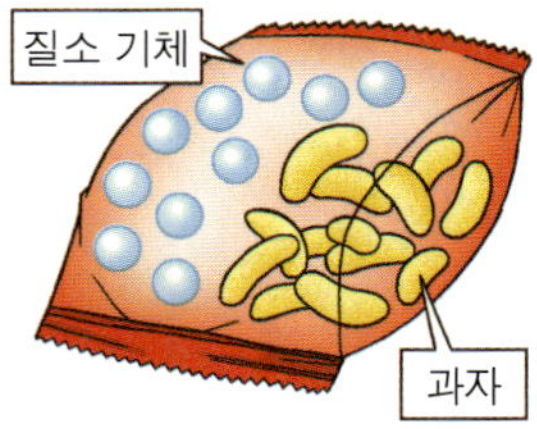

TIP 이산화탄소의 다양한 활용

이산화탄소는 고체, 액체, 기체의 여러 가지 형태로 우리 생활 곳곳에서 활용되고 있습니다. 대표적으로 소화기는 산소보다 무거운 이산화탄소의 성질을 이용한 것으로, 불 주변의 산소를 차단하여 불을 끄게 됩니다. 이산화탄소의 고체 형태인 드라이아이스는 고체에서 기체로 승화할 때 주위의 열을 흡수해 온도를 급격히 낮추기 때문에 냉각제로 널리 쓰입니다. 또 이산화탄소를 물에 녹여 액화 탄산으로 만든 것이 바로 탄산음료입니다. 탄산음료를 마셨을 때 따가운 느낌이 나는 것은, 물속에 녹아 있던 이산화탄소가 음료수 병 밖의 낮은 압력과 높은 온도에서 용해도가 떨어져 기화되어 날아가면서, 입안을 자극하기 때문입니다.

백열전구 속의 아르곤

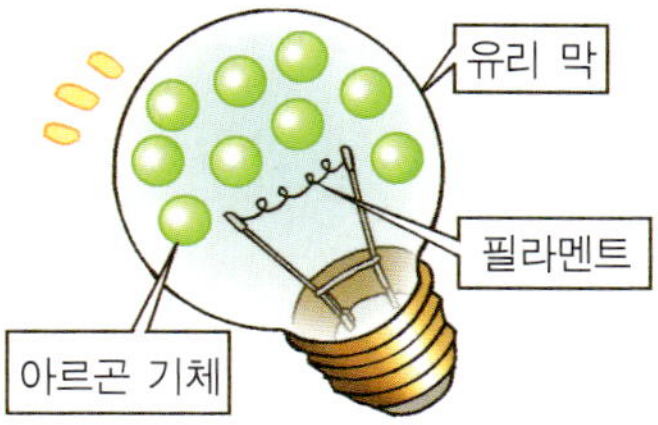

전구는 전기가 지나가는 가느다란 금속인 필라멘트와 이것을 감싸는 유리 막, 그리고 유리 막 안을 채우는 아르곤이라는 기체로 구성되어 있습니다. 만약 빛을 내는 필라멘트가 공기 중에 노출되어 있다면, 산소와 만나 금세 타 버릴 것입니다. 그러나 유리 막 안의 아르곤은 질소보다도 더 반응성이 작은 기체로, 다른 물질과 좀처럼 결합하지 않습니다. 이러한 아르곤의 특징 때문에 필라멘트는 오랫동안 끊어지지 않고 빛을 낼 수 있습니다.

풍선 속의 헬륨

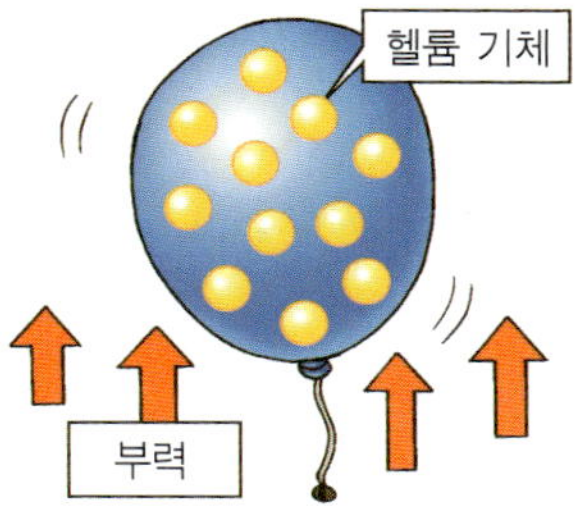

우리가 직접 입으로 불어서 만든 풍선은 공기 중에서 뜨지 않지만, 놀이 공원의 풍선은 하늘 높이 날아오릅니다. 입으로 분 풍선 속에는 공기보다 무거운 이산화탄소가 들어 있지만, 놀이 공원의 풍선은 공기보다 가벼운 헬륨으로 채우기 때문입니다. 헬륨은 지구에서 수소 다음으로 가벼운 기체이며, 폭발의 위험이 있는 수소와 달리 인체에 큰 영향을 주지 않아 다양한 곳에 이용됩니다.
예를 들어, 헬륨을 들이마신 뒤에는 성대가 긴장되어 성대를 통해 나오는 공기의 압력과 진동에 변화가 생기기 때문에, 재미있는 목소리를 낼 수 있습니다.

잠수부의 공기통

깊은 바다를 탐험하거나 오랜 시간 물속에서 작업하는 잠수부들은 호흡을 하기 위해 공기통을 사용합니다. 그러나 이 공기통 속에는 호흡에 필요한 산소만 들어 있는 것이 아닙니다. 산소는 사람이 생존하는 데 가장 중요한 요소이지만, 지나치게 많은 산소를 호흡하면 오히려 산소 중독을 일으킬 수 있으므로, 이것을 막기 위해 공기통에는 질소나 헬륨을 함께 넣어 산소 농도를 조절합니다.

안전 정지를 하고 있는 잠수부들
공기통 속의 질소는 산소와 함께 잠수부의 혈액 속에 녹는다. 이 상태로 물 밖으로 나오면 잠수병에 걸릴 수도 있기 때문에, 물 밖으로 나오기 전 수심 5m 정도에서 5분~10분 가량 머무르며 혈액 속의 질소를 배출해야 한다.

제4화

보이지 않는 이동

선생님…….
?
Telephone
할머니가
위독하대.
찌익~
나랑 함께 갈 거지?
선생님은 할머니의…….
……!!
팍
앗!
미끈
쨍그랑

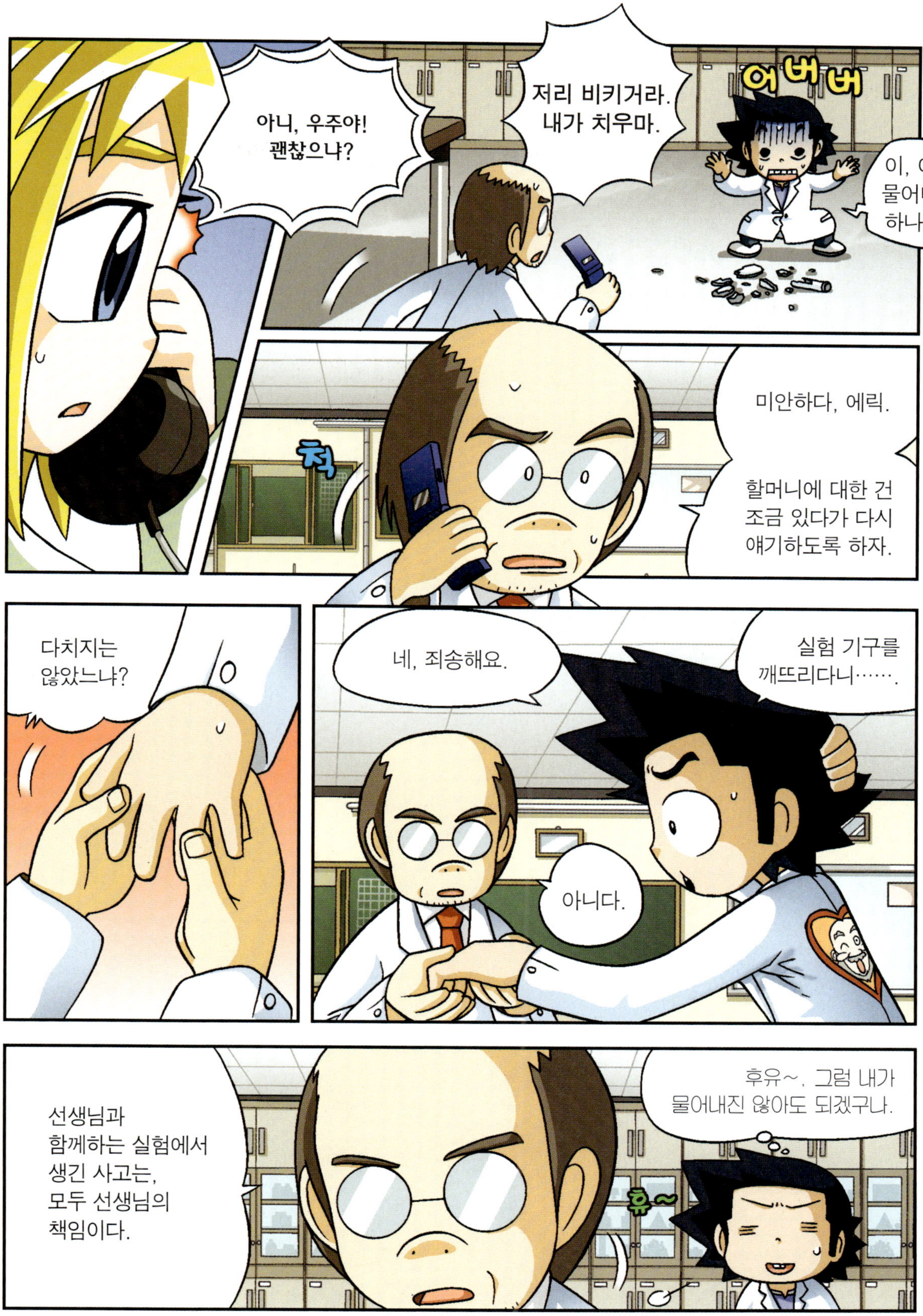
아니, 우주야!
괜찮으냐?
저리 비키거라.
내가 치우마.
어버버
이, 이거
물어내야
하나요?
척
미안하다, 에릭.
할머니에 대한 건
조금 있다가 다시
얘기하도록 하자.
다치지는
않았느냐?
실험 기구를
깨뜨리다니…….
네, 죄송해요.
아니다.
선생님과
함께하는 실험에서
생긴 사고는,
모두 선생님의
책임이다.
후유~. 그럼 내가
물어내진 않아도 되겠구나.
휴~

쓱 쓱
달그락
저……, 방금 에릭 전화죠?
…….
…그래.
끄덕
맞다! 에릭네 실험반 2차전이 오늘 오후더라고요.
그거 보러 오라는 거죠?
멈칫
오늘이……, 대결이라고?
아, 모르셨어요?
음…….

아~, 전 또 에릭네 할머니가 오신다는 말인 줄 알았어요.
헤헤
에릭의 할머니는……,
나의 스승님이란다.
선생님의……, 선생님?
뚜··
뚜··
에릭의 할머니가?!

할머니가
위독하다고
말했는데…….
나도 할머니도
안중에 없어?!
우주야!
괜찮으냐?!
뚜..
뚜..
조금 있다가
얘기… 하자고?
후우……, 아니야.
그럴 리가 없잖아.
철컥
그래, 내 말을
잘못 들은 거야.
탁..
나는 선생님
최고의 제자고.
척
가서 직접
말해야겠어!

선생님은 할머니의
최고의 제자였으니까.
그건
분명하니까…….
아니, 에릭!
하아~
하아..
하아..
아까 선생님이
잘못 들은 것 같아서,
다시 얘기해
주려고 왔어.
할머니가 위독해.
당장 떠나야 해.
그러지 않으면…….
에릭…….

미안하구나,
나는…….
갈 수 없단다.
…….
뭐?
뭐라고……?
잘……,
못 알아들었나 본데!
이젠 영원히 할머니를
볼 수 없을지도
모른단 말이야!
휘이이이..
에릭, 너도
알잖니…….
내가 흔들리면
아이들도 흔들린다.

흔들리지 않는 것…….
선생님으로서 가장 먼저
지켜야 할 약속이지.
나의 스승님은
누구보다 그걸
잘 이해하실 거다.
…….
너도……,
어서 가 봐야지.
가자.
우주야.
꽈악

선생님…….
나……,
무섭단 말이야.
제발…….
스윽
멈칫
…….

스윽
선생님……!
너도……,
흔들리면 안 된다.
에릭.
어떻게
나한테……!!

대회일정
오후 4:00
한별 초등학교
마루 초등학교
시끌
시끌
웅성
웅성
빼꼼
한별초
대기실
이상해.
에릭이 말도 없이
나타나지 않다니!
1분밖에
안 남았어!
대체 왜
안 오는
거야?
그래! 에릭은 단 1초도
늦은 적이 없잖아.
이건 분명……!
무슨 일이
생긴 거야!!

그래, 틀림없어! 우릴 시기한 상대 팀이 조직을 동원해 에릭을 납치한 거야!
아니, 너희들은 누구?
흐흐흐
지금쯤 에릭은 어딘가에 갇혀서, 우리가 구해 주길 기다리고 있을지도 몰라.
열어 줘! 난 실험 대결에 가야 한다고!
어이구~! 그게 말이 된다고 생각하냐?
쭈우욱
타당한 이유 없이 불참한 학생은,
바로 실격이야.
한별초등학교, 지금 입장합니다!
대기실
철컥

척
두리번
……。
두리번
두리번
대회장에 있을 리가 없잖아요.
뭐, 뭐가 말이냐?
시치미 떼시긴……. 에릭 찾고 계신 거 아니에요?
뜨끔
그, 그래. 눈치 한번 빠르구나.
에헴!
다 티 나요!

아, 시작하려나 봐요.
에릭네 학교예요.
와아아아아
다음은
한별초등학교입니다.
에릭은
없……
벌떡
짝~
척
에릭?!
우아아

척··
mom…….
I'm not going back to Britain.
(나 영국으로 돌아가지 않아.)
Please tell grandma that I love her.
(할머니께 사랑한다고 전해 줘.)
주륵··
그래. 흔들리지 않아.
찌익
이게 선생님의 마지막 가르침이라면…….
나와 할머니……. 모두를 버린 선생님의 선택을!

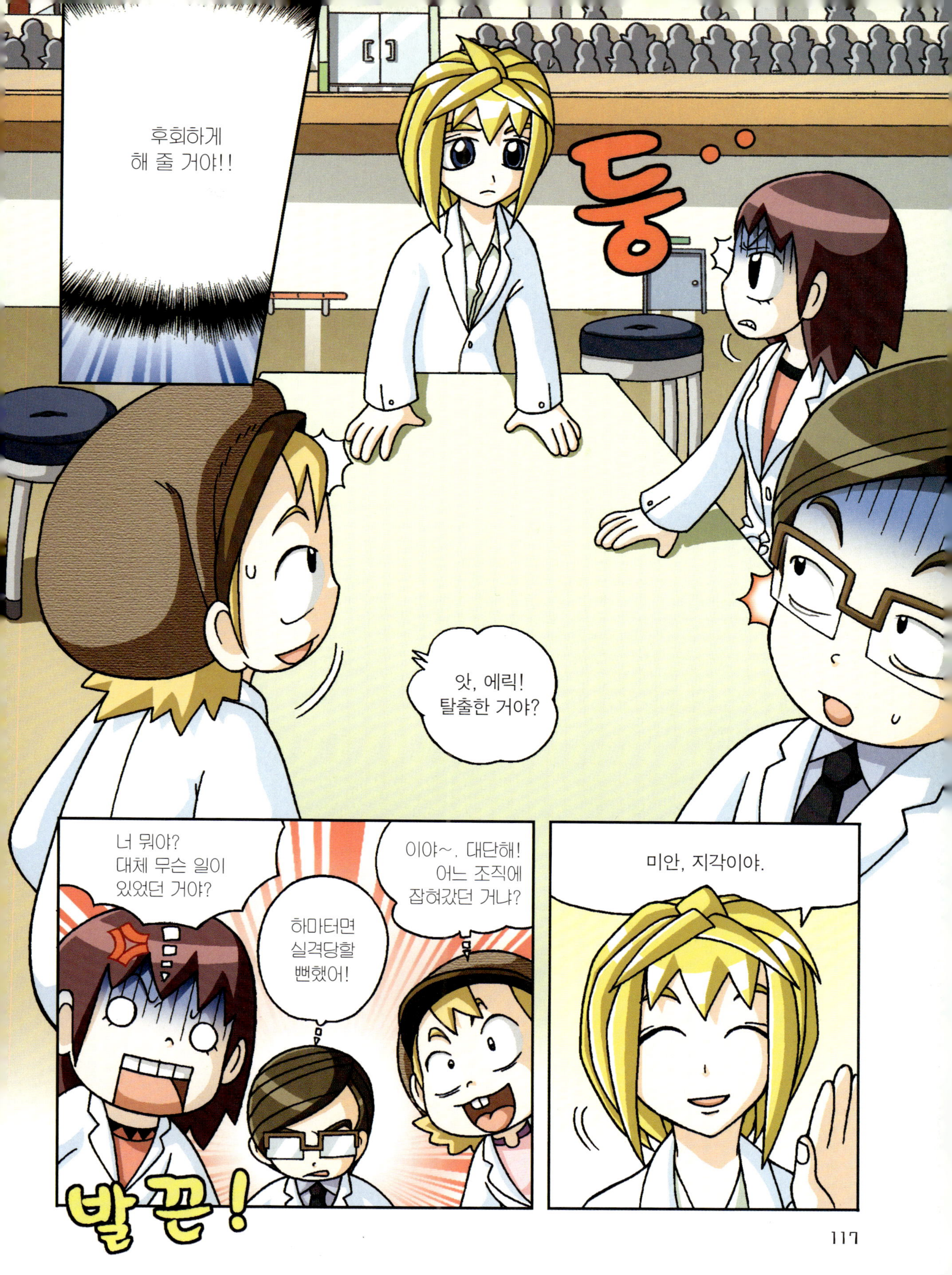
후회하게
해 줄 거야!!
둥
앗, 에릭!
탈출한 거야?
너 뭐야?
대체 무슨 일이
있었던 거야?
하마터면
실격당할
뻔했어!
이야~. 대단해!
어느 조직에
잡혀갔던 거냐?
발끈!
미안, 지각이야.

지금부터 마루초등학교 실험반과
한별초등학교 실험반의
대결 2차전을
시작하겠습니다.
스윽
보이지 않는
대결 주제는…….
'보이지 않는 이동' 입니다!!
웅성 웅성
보이지 않는 이동?

주제가
뭐 이래?
백일장이야?
대결이 거듭될수록
실험 주제의 폭도
넓어지는구나.
그러고 보니
1차전 때보다
준비물도 많아졌어요.
주제의 폭이
넓은 만큼,
실험 분야가
다양해질 수
있겠군요!
그렇습니다.
눈에 보이지 않는
이동은
주변에서
항상
일어나고
있으니까요.
예를 들면,
전기는 어떨까요?
눈에 보이지 않지만
전기는 계속 움직이잖아요?
네, 전자의
이동으로 이루어지는
전기도 우리 눈에
보이지 않지요.
그리고
또…….
열?

열의 이동도 보이지 않잖아요.
더운 공기나 찬 공기가 움직이는 것 말이에요.
찬 공기
더운 공기
그리고 빛! 빛도 계속 이동하지만
감마선
X선
자외선
가시광선
적외선
사람 눈으로 볼 수 있는 건 가시광선뿐이니까, 그 외의 영역들은 눈에 보이지 않게 이동하고요!
끄덕
그럼, 그것들의 공통점은 뭘까?
네? 공통점이오?
빛도, 열도 모두 뜨거운 건가?
전기가 이동할 땐, 그 저항으로 열이 나지요.
음……, 아닌데. 반딧불이의 빛은 뜨겁지 않으니까…….
쟤도 실험반인가 봐.
그러게. 꽤 잘 아네?
속닥 속닥
아!
딱
에너지! 보이지 않는 이동의 공통점은 바로 에너지예요!
오~

에너지라……
네! 맞죠?
슬깃
그럼 소리는 어떨까?
소, 소리요?!
그래, 소리!
스
윽
척
아~! 마루초등학교가 선택한 준비물은
소리굽쇠군요!

네, 모든 소리는 일정한 간격으로 반복하는 진동수를 갖고 있는데
우리의 말소리는 다양한 진동수를 갖지만,
소리굽쇠는 길이와 굵기에 따라, 일정한 진동수를 갖죠.
아, 그렇다면 역시 마루초등학교의 실험은
소리의 이동이 되겠군요!
네, 소리는 보이지 않지만 빠른 속도로 이동하죠.
대결 주제에 잘 맞는 실험이 될 것 같은데요?
고무망치
척..
① 440Hz
② 440Hz
탁

*Hz(헤르츠) 1초 동안의 진동 횟수로, 진동수의 국제단위이다.

바로
공명이다.
네?
제갈공명이오?!
공명은 다른 물체의 진동 에너지를
흡수하여, 함께 진동하는 것이란다.
탕
위잉~
① 440Hz
위이잉~
② 440Hz
①
②
첫 번째 소리굽쇠의
진동이 공기로
전파되면서,
같은 진동수를
갖는 두 번째
소리굽쇠에 전달되어
함께 진동하면서
소리가 더 커진 거지!
그럼 소리의 진동은
무조건 다른 물건을
울려서, 소리가 나게
할 수 있나요?
위이이잉
위잉~
무조건은 아니야.
조건이 있단다.
네?
어떤…….
탁
지이잉
① 440Hz

지이이잉
①
③
텁..
뚝
조용..
③442Hz
벌떡
어? 저것도 같은 소리굽쇠인데, 울리지 않았어요!!
잘 보거라.
세 번째 소리굽쇠의 진동수가 첫 번째 것과 다르기 때문이란다.
공명은 진동수가 같아야만 이루어지거든.
1초에 440번 진동
1초에 442번 진동
①440Hz
③442Hz
끙~
모양이나 재질이 같아도 진동수가 다르면 공명하지 않는다는 거예요?
그럼,
진동수가 같으면 어떤 물건이라도 공명할 수 있고요?
윙~
윙~
①
②
③
조용~
440Hz
①
440Hz
덜덜덜
440Hz
위이잉~

그렇지!
정말요?
미국 타코마 항의 현수교는 태풍에도 끄떡없을 만큼 튼튼했지만,
어느 날 산들바람의 진동수와 공명하여, 뒤틀려서 끊어져 버렸단다.
살랑··
쿠쿠쿠쿠
쿠쿠쿠쿠
공명이 소리만 내는 게 아니라, 진짜 진동을 하는 거군요!
그래, 전자레인지나 엑스선 촬영, 자기 공명 단층 촬영 장치인 MRI도
이런 공명 현상을 이용한 기술이야.
덜덜덜덜덜덜
그게 다 진동으로 가능하단 말이에요?
잠깐! 그럼 아까 말한 열이나 전기, 빛도……?!

그래, 진동은
모든 에너지의 가장 기본적인 이동 수단이라고 할 수 있지.
그, 그럼!
비록 간단해 보이지만, 저건 보이지 않는 이동을 대표하는 실험이네요.
끙..
어?
쨍..
쨍..
쨍...
쨍...
쨍...
쨍...
쨍...

아! 마루초등학교의 실험이 아직 끝난 것이 아니군요!
비커에 각각 다른 양의 물을 넣고 두드려 보고 있는데요.
저것은…….
마치 유리잔을 연주할 때 음을 맞추어 놓는 것처럼 보이는데요?
네. 물의 양에 따라 다른 음을 내게 만든 것으로,
고유의 진동수를 달리하여 연주하는 원리지요.
낮은 음
높은 음
1초당 진동 횟수가 더 많음
그렇다면,
저렇게 만든 유리잔 악기로 어떤 실험을…….
쨍..
쨍..

아, 이건!
웅성
웅성
나도 아는 노래야!
나도!
반 짝
아 름 답 게 비 치 네
반 짝
작 은 별
우아! 비커와 물로 '작은 별' 을 연주하고 있어요!
반짝반짝 작은 별~.
똑...

흐음.
왜 갑자기 멈추지?
웅성
웅성
웅성
웅성
응? 다시 소리굽쇠를?!
척
탕
지이잉~
소리굽쇠를 울려서 비커 옆의 바닥에……?
지이이잉
달각
째앵
우아아아
지이잉
어? 저것 보세요! 소리굽쇠가 비커를 울려 소리를 냈어요!
저것도 공명인 거죠?!

…작은 별
아름답게♪
비치네.
우아아아
짝 짝 짝 짝
440Hz(헤르츠)의 소리굽쇠는 '라' 음의 진동수와 일치하지.
그것을 이용해 공명 실험을 아주 잘해 냈구나.
짝 짝
짝
짝 짝
네, 아이디어가 정말 좋았어요. 재미있는 실험이에요!
왠지 에릭이 걱정되는데요?
후후훗
그러냐? 하지만 아무리 막강한 진동이라 해도 전혀 힘을 못 쓸 때가 있지.
네?!

진동은 그것을 다른 곳으로 전달해 주는 매개물, 즉 매질이 있을 때만 가능하거든.
웡…
내 목소리도 공기를 타고 네 귓속으로 들어가야
그 진동을 받아들여 청신경으로 전달되는 거니까.
달팽이관
외이도
고막
중이강
아하, 그러니까 공기가 없으면
소리는 이동하지 못한다는 말이군요!
헤…
이렇게!
언제부터 머리가 벗겨지셨어요?
흑채 사 드릴까요?
와~, 눈부셔!
?
그래, 진공 상태에선 소리가 그 자리에서 사라지고 말지.
에릭이 바로 그 공기의 실험을 하려나 보구나.
네?

공기의 실험?
둥
자, 그럼 시작해 볼까?
보이지 않는 이동이
뇌에 이르러
영원히 잊혀지지 않는 것,
그 기억은 이미지가 되어
영혼을 마비시키지.
우리의 보이지 않는
이동은 바로…….
휘우우우우우..
향기야!

액체 질소 실험

실험 보고서	
실험 주제	끓는점이 영하 196℃인 질소가 액체 상태일 때의 성질을 직접 눈으로 확인할 수 있습니다.
준비물	❶ 스티로폼 박스 ❷ 액체 질소 ❸ 고무풍선 ❹ 보호 장갑 ❺ 고무공 ❻ 꽃 한 송이 ❼ 집게 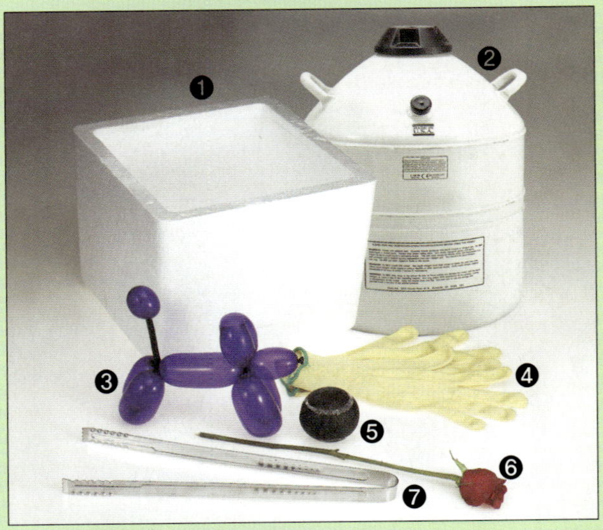
실험 예상	액체 상태의 질소는 온도가 매우 낮기 때문에, 물질을 급속도로 얼릴 것입니다.
주의 사항	❶ 액체 질소가 피부에 닿으면 동상을 입을 수 있으므로, 반드시 보호 장갑을 착용하고 실험합니다. ❷ 액체 질소는 상온에서 빠르게 기화되어 날아가므로, 특수 용기에 담아 보관합니다. ❸ 액체 질소를 비커에 부으면 깨질 수도 있으니, 안전하게 스티로폼 박스를 사용합니다.

실험 방법

❶ 보호 장갑을 착용하고 액체 질소가 들어 있는 특수 용기를 기울여 스티로폼 박스에 3분의 1 정도 따릅니다.

❷ 집게로 고무공을 집어 스티로폼 박스의 액체 질소에 담갔다 꺼내어, 바닥에 던져 봅니다.

❸ 꽃을 액체 질소에 담갔다 꺼내어, 바닥에 떨어뜨려 봅니다.

❹ 고무풍선을 액체 질소에 담갔다 꺼내면 어떻게 변화하는지 살펴봅니다.

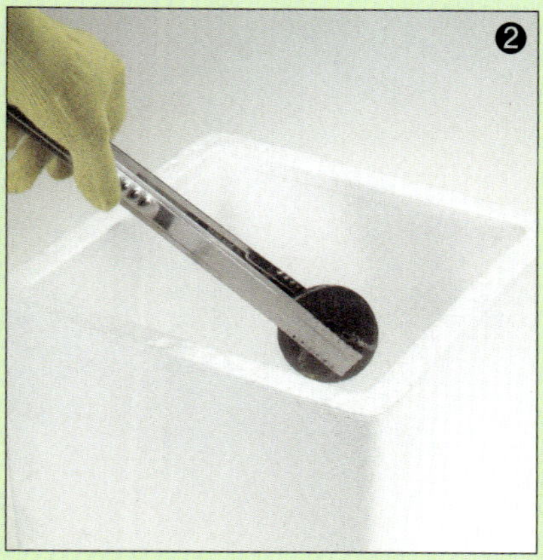

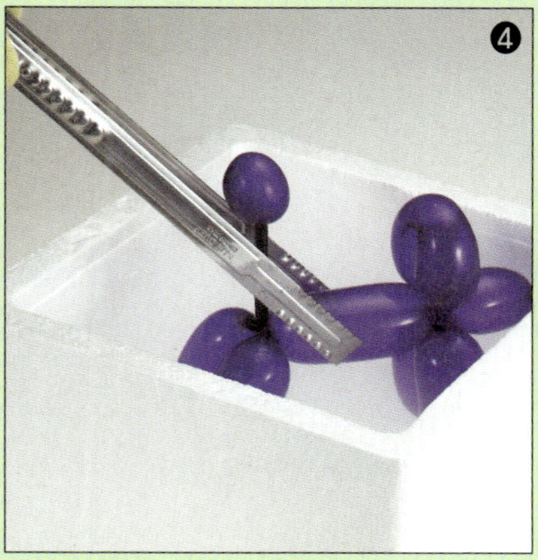

실험 결과

고무공	탄성력이 강해 잘 튀던 고무공이 딱딱해졌고, 바닥에 던지자 깨졌습니다.	
장미꽃	장미가 단단하게 얼었으며, 바닥에 떨어뜨리자 꽃잎이 부서졌습니다.	
고무 풍선	고무풍선을 액체 질소에 담그자 빠르게 쪼그라들었지만, 액체 질소 밖으로 꺼내니 곧 다시 부풀어 올랐습니다.	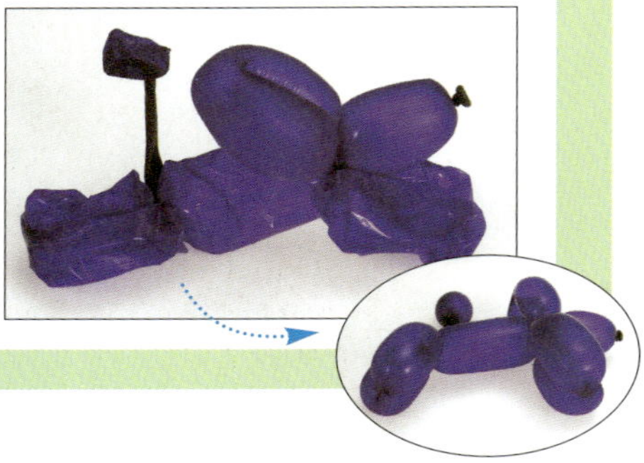

왜 그럴까요?

질소가 액체 상태로 있을 수 있는 것은 끓는점인 영하 196℃보다 낮은 온도에 있기 때문입니다. 이렇게 극저온 상태인 액체 질소에 고무공을 담그면, 고무공의 분자들이 운동을 멈춰 딱딱해지고 탄성력을 잃어서, 바닥에 떨어뜨리면 그 충격을 이기지 못하고 깨집니다. 장미꽃은 낮은 온도로 인해 장미꽃 안의 수분이 액체에서 고체로 변하면서 유동성을 잃게 되어, 작은 충격에도 부서지는 것입니다. 풍선이 줄어든 이유는 풍선 안 기체의 특성 때문입니다. 액체 질소의 낮은 온도로 풍선 안 기체의 분자 운동이 감소하여 부피가 작아졌다가 액체 질소 밖으로 꺼내면 다시 분자 운동이 활발해지며 원래의 부피로 돌아오는 것입니다.

간접 흡연의 피해

또 다른
나의 발명품!
향기 나는 TV!!
꽃향기,
바다 향기,
흙냄새
까지!
TV 속 장면의
모든 향기를
느낄 수 있지!
드디어
쓸 만한 걸
완성
했군요!
어서
켜 보세요~!
꾹
두둥
이봐 잭,
오늘 밤 결투다.
캑캑! 이런 담배
냄새까지 넣으시다니!
내 발명품은
완벽하니까…….
일상생활에서도 냄새로 인한 중독의
위험이 있습니다. 특히 흡연자 주변에서의
간접 흡연은 건강에 큰 위협을 줍니다.
간접적으로 맡는 담배 연기 속에는
직접 흡연할 때 들이마시는 연기보다
일산화탄소는 5배, 니코틴은 3배, 타르는 3.5배가
더 많이 들어 있으며, 그 외에도 4백여 종의
화학 물질이 생성됩니다. 그래서 흡연을
하지 않는 사람에게 더 큰 피해를 줍니다.
일산화탄소 산화성이 강해
호흡 시 혈액으로 들어가
헤모글로빈과 결합하면
질식의 위험이 있음.
비소
농약, 살충제로
사용됨.
포름알데히드
방부제로 사용됨.
니코틴 신경계에 작용하여
환각 등을 일으키고
중독의 위험이 있음.
타르 2천여 종의
독성 화학 물질과
발암 물질 포함.
이러한 간접 흡연은
직접 흡연에 비해
폐암이나 심장병에 걸릴
위험을 더 높이고,
그 외에도 성장 지연,
지능 저하, 기관지염,
폐렴, 중이염, 천식 등을
발생시킬 수 있습니다.

제5화

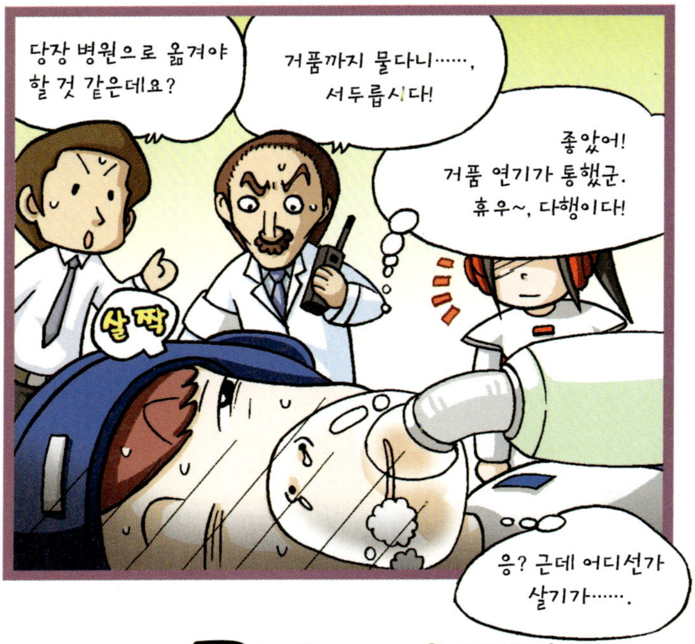
당장 병원으로 옮겨야 할 것 같은데요?
거품까지 물다니……, 서두릅시다!
좋았어! 거품 연기가 통했군. 휴우~, 다행이다!
살짝
응? 근데 어디선가 살기가…….

에릭의 선택

20mL
벤질 알코올
20mL
아세트산
5mL
진한 황산
쭈욱
20mL
페탄올
20mL
쪽··
아세트산
5mL
똑
똑
진한 황산
척
헥산올
20mL
20mL
아세트산
5mL
진한 황산

달칵
척
좋아,
그럼
이제!
스윽
척

쭈욱
BTB 용액
똑
집중··
흠…….
똑··
똑··
똑··
똑··
똑··
똑··
으으, 대체 저 작은 구멍에 언제까지
BTB 용액을 채우려는 거냐…….
쭈욱··
똑··
똑··
똑··
똑··
똑··
똑··
똑··
똑··

BTB
용액이라면
산성, 염기성
구별하는 그거?
응, 맞아.
저 용액은 다른 지시약이랑 달라.
산성, 중성, 염기성에 모두
반응해서, 각각 다른 색깔을
나타내거든.
쿵~
산성에는 노란색
중성에는 초록색
염기성에는 푸른색
아하~.
후아암~
그건 그렇고,
실험이 너무
지루해서
완전 실망이야.
대체 몇 방울이나
채우고 있을 거냐고~.
홈이 96개니까
BTB 용액은 94방울을
채우겠지?
네? 96홈에
94방울요?
그럼 두 개는
어떡하고요?
헤?
진한 염산
똑..

어?
진한 염산
암모니아수
똑..
진한 염산
똑..
암모니아수
양쪽 대각선 끝에는 서로 다른 용액을 떨어뜨리네?
진한 염산
암모니아수
흠~
한쪽은 진한 염산, 다른 한쪽은 암모니아수.
이럴 수가! 둘 다 엄청나게…….
응??
어, 엄청……?
위험한 약품이야!!
조심 또 조심~
그건 우리도 알거든?
실망이야~.
*염산은 산성이고 *암모니아수는 염기성이지.
그건 이제 기본이죠.
끄덕
그야 그렇죠.
턱..

*염산 염화수소를 물에 녹여 만든 무색의 용액이며, 강한 산성이다.
*암모니아수 암모니아를 물에 녹여 만든 용액으로 염기성을 띠며, 자극적인 냄새가 난다.

아, 한별초등학교!
이제 모든 홈에 용액을 다 채우고
뚜껑을 덮었습니다. 96홈 판의
뚜껑 아래는 공기가 통하니
BTB 용액이
염기성과 산성의
영향을 받겠죠?
아~! 그렇다면
저 BTB 용액은 가까이
있는 용액이 염기성이냐
산성이냐에 따라
색깔이 변하게
되는 건가요?
네, 액체 분자가
기체 상태로 증발되어
공기를 타고
퍼질 테니까요.
스으으으..
그게 바로 확산이야.
농도가 높은 곳에서
낮은 곳으로 옮겨 가는 것.

양쪽 끝의 염산과 암모니아수가 증발되면 그 부분의 공기 밀도가 커지고,
확산
큰 밀도의 공기는 작은 밀도 쪽으로 이동하지.
그래, 향기 분자가 퍼지는 것도 이런 원리야!
스으윽
그러니까 결국
'액체 성분이 기체의 형태로 이동할 수 있다!' 뭐 이런 실험인 거야?
치..
에이, 저렇게 뻔한 실험을…….
뭐? 뻔하다고?
그래! 실험 결과가 너무 뻔하잖아!
에헴
저 실험을 간단히 설명하면, 흠흠.
쫑긋
쫑긋

각 약품의 가까운 쪽부터 BTB 용액의 색깔이 변할 거 아니야!
암모니아수
암모니아수가 있는 쪽은 푸른색으로!
진한 염산
진한 염산이 있는 쪽은 노란색으로!!
척
그리고 마침내 가운데에서 두 기체가 만나면, 중성이 되면서 초록색을 띠게 돼!
염기성
산성
어, 정말이야! 가까운 쪽부터 색깔이 변하고 있어.
오오오
그런데…….
응? 초록색이 중간이 아닌데?
으잉?

에릭이 저런 초보적인 실수를 하다니!
뭐? 저 실험이 잘못된 거야?
뻔하지, 뭐. 초록색이 염산 쪽에 가까운 건!
염산을 암모니아수보다 적게 넣었기 때문이야!!
벌떡
두둥

자, 장내가…….
소란스러웠졌군요.
에릭! 실망이야~!
학생! 거기 앉아!
네! 혼나고 싶어!
설마 저 학생 말처럼 실수는 아니겠지요?
네.
하하‥
저 실험은 그레이엄의 법칙을 보여 주는 것입니다.
아~! 그레이엄의 법칙이라면, 기체 확산 속도에 대한 실험이군요?
네, 기체의 분자량에 따라 확산 속도가 달라진다는 내용이지요.
아~, 그럼…….
지금 저 결과는 정상인 거군요.
두리번
이 녀석이 어디로 갔지?
두리번

아주 성공적이구나.
두리번
두리번
공기에도 무게가 있다는 건 알고 있지?
네?
공기에 무게가 있다고? 설마…….
공기
끙~~
그, 그야…….
아, 맞다. 그 실험!
공기가 많이 든 큰 풍선과 조금 든 작은 풍선을 양팔 저울에 재 보는 실험도 있잖아.
그때 큰 풍선이 더 무거웠다고.
뭐?!
그게 정말이야?
정말 공기에 무게가 있어?
실망
너, 실험반 아니었냐?

그래, 기체도 분자로 이루어져 있으니까. 분자량에 따라 기체마다 무게도 다르지.
확산 속도는 그 무게에 따라 결정된단다.
무거운 쪽과 가벼운 쪽…….
어느 쪽이 확산 속도가 더 빠를까?
빠르게 확산되려면 기체의 무게가…….
무거운 쪽? 가벼운 쪽? 확률은 반반인데!
가벼, 아니 무거…….
중얼
기체에 실려 이동한다? 만약 그 기체가 바람이라면…….
그래!! 바람이 심하게 부는 곳에선…….
휘이이이이
종이가 가득 든 무거운 상자와
중얼
비어 있는 가벼운 상자가 있다면,
중얼
화아악
가벼운 쪽이에요! 무게가 가벼워야 공기에 실려
이동하기 쉬우니까요!

그래, 맞다.
끄덕
푸른색의 BTB 용액이
더 많은 건, 암모니아가
더 빨리 확산됐기 때문인 거죠?
그건 암모니아가
염화수소보다
가볍다는 말이고요.
아, 이제
알겠어요.
그러니 두 기체가 만나
녹색으로 변한 부분이
염산 쪽에 가까운 거예요.
염화수소가
암모니아보다
무거워서 더 느리게
움직였으니까.
그래, 그것이 바로
기체 확산 속도에 대한
그레이엄의 법칙이지.
그리고 이것은
그 법칙을 보여 주는
대표적인 실험이란다.

흠~
'보이지 않는 공기의 이동에도 속도가 있다' 라는 거군요.
'기체의 확산 속도는 분자량의 제곱근에 반비례한다.'
이것은 그레이엄 법칙의 기본이야.
이 식에 대입하면 NH3(암모니아)의 분자량 17, HCl(염화수소)의 분자량 36.5, 확산 속도는 면적의…….
아마 지금 암모니아와 염화수소의 확산 속도를 계산하고 있을 게다.
네?
에릭은 분자식과 분자량을 알고 있으니, 그 정도 계산은 어렵지 않지.
에릭은 그런 걸 다 외우고 있다는 거야?!
분자식과 분자량?!
그러고 나서 실제의 응용 실험까지 마친다면 완벽하겠구나.
!!!

실제의 응용 실험?!
벌떡
아, 그러고 보니…….
아까부터 세 명이 서로 다른 약품을 만들어 가열하고 있었어!
달칵
끄덕
스윽
잘가닥
척…

실험을 시작할 때부터 가열하던 둥근 플라스크를 얼음에 식히고 있는데요?
아~!
아, 네…….
아까 만든 저 약품을 다시 살펴볼까요?
아세트산과 황산에 서로 다른 종류의 알코올을 넣어 만든 혼합물에 오랜 시간 열을 가하면…….
아!!
에스테르 반응이군요!
네? 에스테르…….
훗
끝난 거 아니었어?

에스테르는 자연에 널리 퍼져 있는 화합물인데, 종류에 따라 다양한 향기를 내지요.
척
스윽
척
과일 향기, 꽃향기에는 대부분 하나 이상의 에스테르가 포함되어 있지.
딸기
4백여 종의 에스테르는 종류와 혼합되는 양에 따라 각각 다른 향기를 내는데,
사과
꽃
이것은 화장품이나 식료품의 첨가향으로 사용되고 있어.
멍...
지금 실험에서 만든 세 가지 에스테르는 모두 다른 종류죠.
이 세 가지가 섞이면 더 많은 종류의 향기가 날 게다.

이런 예상 결과를 가지고 실험하는 것은
향기의 원리는 물론,
원자의 작용과 반응식을 정확히 알고 있다는 얘기겠죠?
여기에 에스테르 반응의 화학식까지 보고서에 적는다면……?
끄덕
놀랍군요.
정말 그런 이론을 초등학생들이 알고 있단 말인가요?
끄덕
휙
휙
화아아..
향기가…….

휘..
휘..
휘이..
휘이..
훠훠
화아아아..
오……!
어! 여기까지 향기가 나!!
와아~, 진짜! 바나나 향인가?
쿵
쿵쿵
엥?
대체 무슨 냄새가 난다고 그래?
난 아무…….
스으으읍
뽕
화아아아..

멍…
이, 이럴 수가!!
화학 약품이…….
이런 향기를……!
화아아아아…
훽
선생님…….

지금 에릭은 두 가지
눈에 보이지 않는 이동을
보여 주었단다.
하아..
기체 분자의 이동과
흐르는 시간이라는 이동!
네?
시간이라뇨?
지금 이 기체 분자가
만들어 낸 향기가
실험대에서부터 관중석까지
확산되는 시간.
앗!
에릭은 그 시간까지
놓치지 않고 있구나.
저, 정말이야!!
아까부터 향기에 반응하는
관중석을 보면서
시간을 재고 있었어!
틱..
틱..
틱..
2:30

저 녀석……!!
화
아
아
아
이 대결장에 있는 모두를 자신의 실험에 끌어들이고 있어!!
완벽하게 자신의 공간으로 만든 거야.
네가 무엇을 알고 있는지 알고, 그걸 네 것으로 만들어라. 그건 공기처럼 평생 그 실체를 모를 수도 있지만,
한번 깨닫게 되면 영원히 네 것이 되어, 누가 엿볼 수도 빼앗을 수도 없게 되지.

이런 건가?
이곳은 완전한 에릭의 공간!!
자신만의 완전한 공간을 만들어 내는 것…….
스윽
그래……!
나도 찾아내겠어.
나만의 공간을!
벌떡!
응?
선생님!
실험이 끝난 것 같으니 전 이만 가 볼게요.
하지만 아직 결과가…….

결과는 필요 없어요.
안 봐도 알 것 같으니까요!
우주야!
자, 그럼 결과를
발표하겠습니다.
척 척 척
마루초등학교
실험은…….
따라서 결과는!
와아아아
자! 승리한
우리 모두를
위한 선물!
팡

멈칫
쿵
쿵
쿵
에릭……!
가지
않았구나.
끄덕
2차전 승리
축하한다.
나와 함께 했던
실험이더구나.
함께…
했던……?

아니,
달라.
응?
장난 같았던 그때 그 실험을
선생님과 했던 실험에는 아무 의미가 없었지만,
오늘 나의 실험에는
내가 진심으로 진행한 이 실험과
내 마음이 담겨 있었으니까!!
비교하지 말라고!

에릭…….
선생님!
더 할 말 없으면 가 볼게.
곧……, 다시 만나게 될 거야.
휙
다들 이겼다고 느슨해지면 안 되지만,
오늘은 특별히 봐줄게.
다 같이 맛있는 거 먹으러 가자!
으, 응.
정말?

그래, 에릭…….
이젠 너의 선택에 따라 성장하는 거다.
뭐 먹으러 갈 건데?
글쎄~. 골라 봐.
전국 실험 대회
연습실

기체의 확산 속도

실험 보고서	
실험 주제	기체는 공기 중에서 퍼져 나가는 확산을 합니다. 확산 속도는 기체의 분자량에 따라 달라지는데, 이러한 확산 속도의 차이를 종류가 다른 두 물질을 통해 확인할 수 있습니다.
준비물	❶ BTB 용액 ❷ 암모니아수 ❸ 진한 염산 ❹ 96홈 판 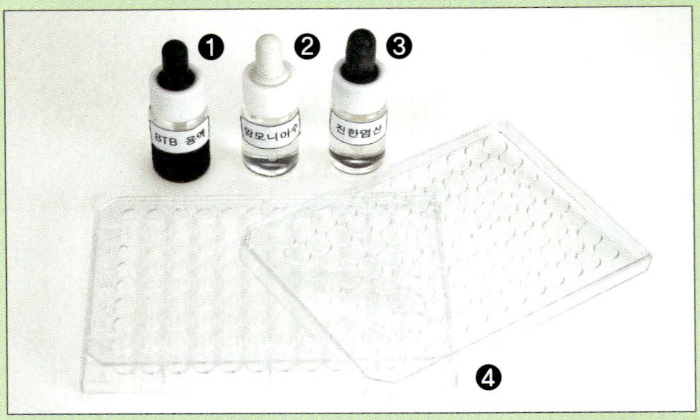
실험 예상	산성과 염기성, 중성에서 각각 다른 색깔을 나타내는 BTB 용액이 산성인 진한 염산과 염기성인 암모니아수에 반응하는 색깔 변화를 통해, 확산 속도의 차이를 알 수 있을 것입니다.
주의 사항	❶ 염산과 암모니아수는 강한 산성과 염기성이므로, 기체를 직접 흡입하거나 피부에 닿지 않도록 주의합니다. ❷ 확실한 결과를 위해 충분한 양의 BTB 용액을 동일하게 떨어뜨립니다. ❸ 염산과 암모니아수를 넣은 다음에는 바로 뚜껑을 닫아 기체가 공기 중으로 손실되는 것을 막습니다.

실험 방법

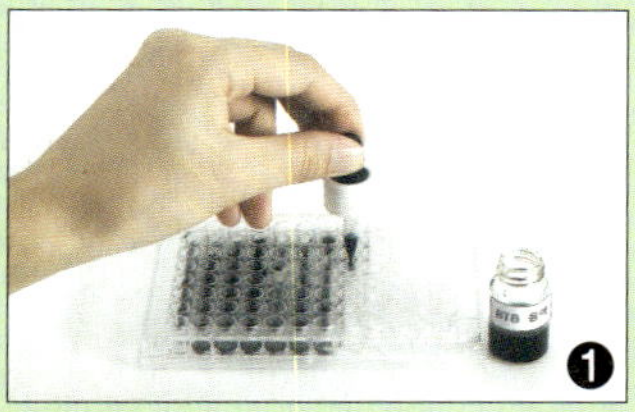

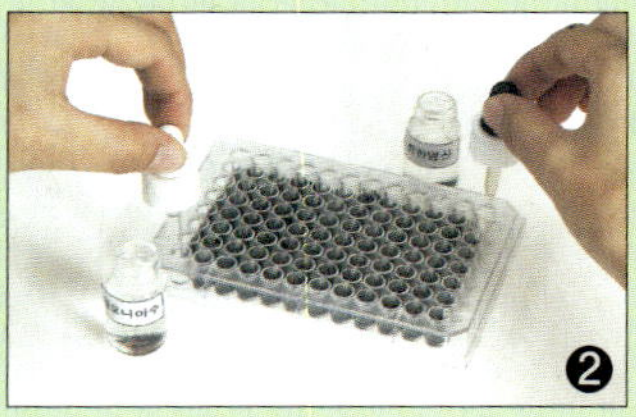

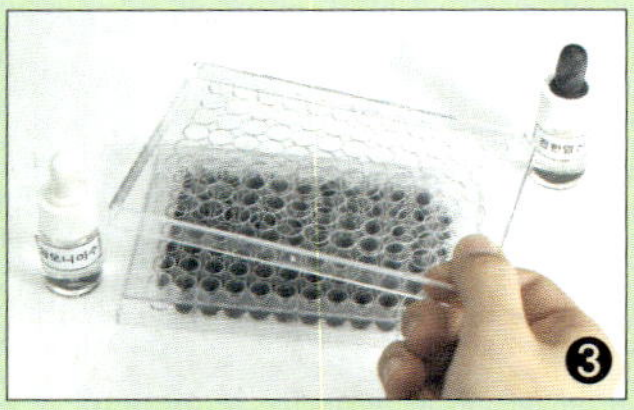

❶ 96홈 판 안의 양쪽 대각선 끝 두 곳을 뺀 나머지 94개 홈에 BTB 용액을 두세 방울씩 떨어뜨려 채웁니다.

❷ 남은 두 홈 중 한 곳에는 염산을, 나머지 한 곳에는 암모니아수 두세 방울을 동시에 떨어뜨립니다.

❸ 96홈 판의 뚜껑을 닫고 10분~20분 정도 지난 뒤 색깔의 변화를 관찰합니다.

실험 결과

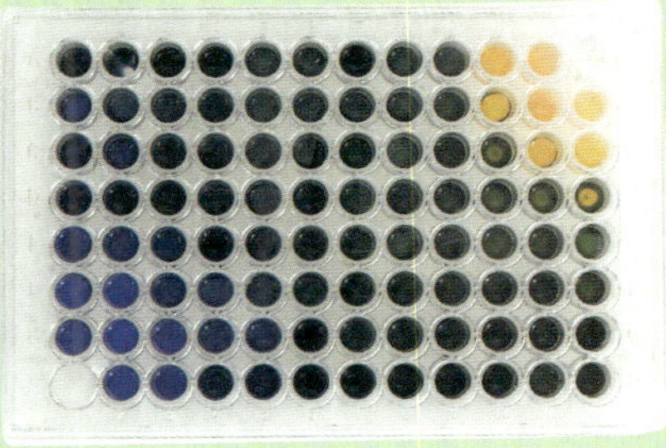

염산과 가까운 쪽의 홈은 노란색, 암모니아수와 가까운 쪽의 홈은 파란색, 그리고 그 두 기체가 만나는 부분은 초록색으로 변했으며, 파란색으로 변한 홈이 노란색에 비해 훨씬 많습니다.

왜 그럴까요?

1831년 영국의 화학자 그레이엄은 기체의 분자량과 확산 속도를 그레이엄의 법칙으로 정리했습니다. 이것은 '기체의 확산 속도는 그 기체 분자량의 제곱근에 반비례한다' 라는 내용으로, 이 법칙에 따르면 가벼운 분자는 빨리 움직이고 무거운 분자는 느리게 움직입니다. 위 실험에서 파란색으로 변한 BTB 용액이 훨씬 많은 것은 염화수소에 비해 분자량이 작은 암모니아가 가벼워서 더 빠르게 이동했기 때문입니다.

제6화

으악! 초롱이랑
눈이 마주쳤…….
초롱과 눈을 마주친 상대 선수는 너무 놀라 진짜 기절해 버렸다. 하지만 눈이 나쁜 초롱은 사실 아무것도 보지 못했다.
?
갑자기 상태가 악화됐어!
기절!!

공기를 가르는 힘

저벅
저벅
저벅
아~, 그리웠던
실험 대회장의 공기!
고향에 온 기분이랄까?
후훗~.
스으읍~
하하하!
그럼, 그럼~!
탈락하지 않고 오래 머물수록
좋은 곳이지!

우주는 아직
안 왔나 보네?
두리번
그동안 가설 선생님께
특별 훈련을 받았다던데.
두리번
그러게.
어?
워, 원소야!
어디 가?
응?
연습실.
그래, 연습만이 살길이다!
내일이 2차전 대결이니
지금부터 감을 잡아야지.
너희들도
어서 가 보거라.
네!
네!
같이 가,
원소야~!
탁
탁
탁

실험반,
파이팅~!
우주도 연습실에
있을지 몰라.
그럴까?
엥?
핑
핑
피잉
어머!
으악, 이게
뭐야!!
휘잉
스스스
앗……,
방향을 바꾸었어!
휘이잉
어? 정말
다시 이쪽으로
오잖아?!

척
좋았어!
우주야!!
어때? 너희들을 환영하려고 내가 특별히 준비한 부메랑이야!
하하하
환영 한번 요란하구나.
헤헤, 환영해. 특히 부메랑처럼 돌아온 란이는!
척
광장해! 이걸 네가 직접 만든 거야?
그럼!
부메랑 설계도랑 두꺼운 종이 한 장이면 충분해.
호오~
와~

근데 이게 정말 우리를 위해 일부러 만든 걸까……?
돌아오는 부메랑 단돈 500원!
헤헤
흠~
일석이조 모르냐?
어, 그런데 왜 날개들은 한쪽을 접은 거야?
아, 그렇게 해야 양력을 받아서 부메랑이 뜰 수 있거든.
정말?
양… 력?
그래, 생각 안 나? 도내 대결 때 고수초 말이야! 걔네 팀이 만든 비행기도 이 부메랑처럼
날개 앞쪽이 둥글게 올라와 있었잖아.
아, 맞아.
그것도 다 양력 때문이라고.
후훗‥
솔직히 그때는 양력이 왜 생기는지도 몰랐는데 말이야.
그런데 이젠……,
안다고?

뭐, 뭐야…….
저 불신의 눈빛들은!!
괜찮아, 나도 잘 몰라.
정말, 아는 거야?
대충 감이 오는 거겠지.
으으……!
알아! 안다고!
이젠 진짜 안다니까!
잘 들어!
날개가 평평한 비행기는 높이 날려도 곧 바닥으로 뚝 떨어져. 날개의 위아래를 지나는 공기가 같기 때문이야!
휘이잉..
공기
평평한 날개
하지만! 날개 위쪽을 볼록하게 해 주면, 날개 위를 지나는 공기와 날개 아래를 지나는 공기의 양과 속도가 달라진다고!
슈웅~
공기
볼록한 날개
속도가 다르다니, 왜……?
그러니까…….
끙..
예를 들어, 너랑 내가 저 나무에서 동시에 만나기로 했어.
너는 곧바로 가고, 난 이 연습실을 돌아서 간다고 가정하면,
누가 더 빨리 뛰어야 하지?
그야…….

둘이 동시에 도착하려면 다, 당연히…….
나는 빠른 길로 곧바로 가고,
우주는 먼 길로 돌아오니까!
우주 네가 더 빨리 뛰어야지!!
끄덕
그래! 공기도 마찬가지야. 볼록한 윗 날개를 지나는 건 더 멀리 돌아가는 것과 같아. 그래서 날개 위쪽의 공기가
빠름
느림
더 빨라지는 거야.
저기압
고기압
이때, 날개 위쪽은 공기의 양이 상대적으로 적어지기 때문에, 저기압이 되는 거야.
아아, 그럼…….
날개 위는 저기압, 아래는 고기압?
맞아! 여기에 기압 차에 따른
바람의 방향을 대입해 보면!
아··
…….

휘이이…
고기압
저기압
아, 알겠다!
공기는 고기압에서 저기압으로 이동해!
역시 란이야!
날개 아래의 고기압 공기가 날개 위의 저기압으로 이동하니까, 수직 방향으로 바람이 생겨. 이게 바로 비행기나 부메랑을 떠 있게 하는 힘,
저기압
고기압
양력
양력이야!
부메랑에는 양력 말고도 여러 가지 공기의 힘이 작용하는데…….
뭐? 그게 뭔데?!
그, 그건 지금 공부 중이야.
헤··
폼은 왜 잡냐?
쳇
하지만 이제 이 부메랑 실험에 성공했으니까,

조금 더 공부하면
다른 힘들도
이해할 수 있을 것 같아.
멍··
어쩐지.
우주가
달라 보여!
범우주……!
다들 잘 봐!
이 부메랑이
어디까지 기록을
세우는지!
척··

팟
피이잉
이 부메랑이
떠 있는 동안,
휘잉
휘잉
너희들은
내 공간 속에
함께 있는 거야!

빨리 나와~!
안 그러면
나 먼저 간다.
쿼엉··
알았어,
알았다고.
철컥
구릿
구릿
어제는 자신만만하더니
막상 대결이 닥치니까
긴장한 거냐?!
큭, 냄새……!!
그러게
말이야.
주섬
주섬
대결을
하면 할수록
이상하게…….
심장이
작아지는구나!
심장이 아니라
장이야.
터덜
터덜
저벅
저벅

훗!
대결 10분 전이야.
괜찮겠어?
그럼!!
일단 실험만
시작하면,
다시 쌩쌩~!
철컥
스윽..
어라?!
탁
대기실
오싹~
쟤 말이야, 왠지 좀
으스스하지 않냐?
응? 너도
저 녀석을
알아?
저 녀석은…….
맞아.
초롱이의…….

물론이지. 작년 대회 대천초 우승의 주역인,
천재원을 왜 모르겠어…….
철컥
잠깐!! 대천초가 작년 대회에서 우승을 했다고?!
정말?
핼쑥
그게 정말이야? 진짜야?
사실이야? 진실이냐고!
진짜야.
학교 이름을 듣자마자
벌써 정보를 검색했지.
오옷, 이럴 수가!
그걸 왜 이제야 말하는 거야!
그리고 너, 호들갑 좀 그만 떨어!
모두 알고 있는 걸 나만 몰랐던 거지? 그렇지?!
핼쑥
나도 금시초문이야…….
으으으으으
으아아아아!!!

뿡!
히익!!
개운
앗, 이렇게 편안할 수가!
내, 내가 너무 흥분했지? 방법이야 지금부터 찾으면 되지, 뭐~.
하악~
헤헤
이성적으로~! 하하하.
웩..
크윽..
이래서 어디 이성적인 판단을 하겠냐?
걱정 마. 지금은 그때와 상황이 다르니까.
지만아.
어? 응.
가장 최신 정보에 따르면,
천재원은 다른 학교로 전학 갔대!
스윽

엥? 근데 쟤는 왜 저 대기실로 들어간 거야?
친구들 응원하려나 보지.
어쨌든 지금의 대천초는
크크크크..
힝~
이빨 빠진 호랑이?
쿵!
그래도 마음 놓을 순 없어. 우승은 절대 혼자 만드는 게 아니니까.
턱...
쉬익~
스으으..
쉬익~
스으으..
이빨은 없어도 발톱이 있다.
삐끔
삐끔
그걸 누가 모르냐? 그래도 겁먹어 봤자 좋을 거 없잖아!
지금 겁먹은 사람은 너밖에 없거든!
쉬이익
스으으..
이럴까 봐 내가 지금까지 말 안 했던 거야~.
미리 알았으면 마음의 준비를 했을 거 아냐?
철컹
크흡! 무슨 냄새지?
새벽초등학교, 입장해 주십시오!

윽…….
슬렁..
휙..
자, 나가자꾸나!
네!
우주야, 공기 속에는 뭐가 있다고 했지?
아……!
질소와 산소, 이산화탄소 등이 있다고 하셨어요.
꿀꺽
엥? 그런 게 있었어?

그래.
이 실험 대회도
마찬가지다.
정확한 실험을 하는
실험반,
이론을 중시하는 실험반,
재미있는 실험을 하는 실험반,
창의적인 실험을 하는
실험반…….
저마다 특징을 갖고 있어.
그래서 이곳은 각기 다른 기체가 모인
공기와 같아.
똑같은 성격이 아닌
다양한 개체가 모인 곳.
이곳에서 중요한 건,

너희들이 어떤 역할을
하느냐란다.
철컥
우아아아
그래.
우리의 역할!
둥

우아아아아아아
척
모두……,
행운을 빕니다.
저벅
저벅
대천초
가는 길엔
승리뿐!
웅성
뭐야?!
잡아!
와아!!
작년 우승
팀이야!
대천초
파이팅!!
웅성
웅성

대천초,
대천초…….
키힝··
시끄러워 죽겠네…….

잊지 마.
어떤 상황이라도,

우린 최고의 실험을
하는 거야.
응!
그래!
끄덕
우리 역시
이 대회장의
주인공이니까!

내일은 실험왕 ⑬ '물질의 대결' 편도
많이 기대해 주세요.

지구를 감싸는 공기, 대기

대기란 지구를 둘러싸고 있는 기체를 말합니다. 대기는 높이 올라갈수록 중력의 힘에서 멀어져 밀도가 낮아지며 층을 이루는데, 이것을 대기권이라고 합니다. 대기권은 지표면으로부터의 높이에 따른 온도 변화를 기준으로 대류권, 성층권, 중간권, 열권으로 나누어집니다.

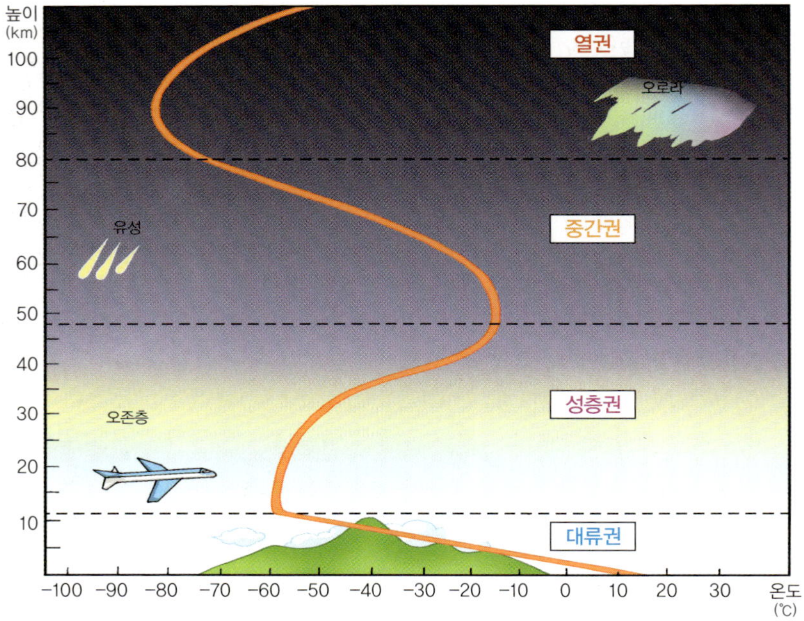

높이에 따른 대기권의 기온 변화.

대류권

대기권의 가장 아래층으로 보통 지표면으로부터 10km~15km까지를 말합니다. 대류권은 높이가 1km 높아질 때마다 6.5℃씩 낮아지는데, 이것은 지표면의 복사열이 위로 올라갈수록 적게 도달하기 때문입니다. 따라서 위쪽의 차가운 공기는 아래로, 아래쪽의 따뜻한 공기는 위로 이동하면서 대류 현상이 일어납니다. 또 지구 전체 수증기의 90%가 대류권에 있기 때문에 구름, 눈, 비와 같은 기상 현상과 전선, 태풍 등의 대기 운동이 일어납니다.

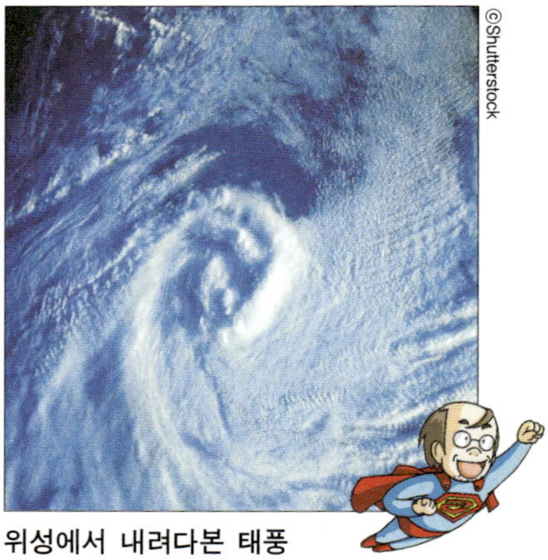

위성에서 내려다본 태풍
태풍은 폭풍우를 동반하는 열대 저기압으로, 대표적인 대류 현상 중 하나이다.

성층권

성층권은 대류권 위에서부터 약 50km까지의 대기층으로, 공기의 이동이 적어 대기가 안정적이기 때문에 비행기의 항로로 이용됩니다. 성층권은 높이 올라갈수록 온도가 높아지는데, 이것은 성층권 지역인 지상 20km~25km 높이에 있는 오존층이 태양의 자외선을 흡수하여, 높은 하늘의 대기를 가열하기 때문입니다. 성층권은 지구의 생물체에 나쁜 영향을 주는 자외선을 흡수하는 오존층이 있는 것 외에도, 향후 지구의 기후 변동에 밀접한 관계가 있어 매우 중요한 곳입니다.

중간권

높이 50km~80km 사이의 대기층인 중간권은 지구 복사열과 거리가 멀어 대기권 중 가장 온도가 낮은 곳입니다. 성층권에 닿아 있는 부분에서 높이 올라갈수록 기온이 낮아져 위쪽은 영하 90℃까지 내려갑니다. 위쪽의 온도는 낮고 아래쪽의 온도는 높기 때문에 대류 현상이 일어나지만, 수증기가 거의 없어 대류권과 같은 기상 현상은 일어나지 않습니다.

열권

지표면으로부터 약 80km~1,000km 사이의 열권은 태양의 영향을 직접 받기 때문에 높이 올라갈수록 온도가 급격히 높아집니다. 지구 중력의 영향이 매우 적어 열권의 대기는 전체 대기량의 10만 분의 1밖에 되지 않습니다. 또 열을 전달하는 공기 분자가 적어서, 빛을 조금만 흡수해도 온도가 많이 오르고 밤이 되면 기온이 급격히 낮아지는 등 극심한 일교차를 보입니다. 태양으로부터 전기를 띠는 입자가 지구로 들어오며 산소나 질소 등과 부딪혀, 오로라가 만들어지는 곳이기도 합니다.

북극의 오로라
태양에서 발생한 전기를 띤 입자가 지구의 자기장에 이끌려 대기로 들어오면, 고위도 지방에서는 녹색이나 황록색 계열의 아름다운 오로라가 생긴다.

지구를 위협하는 대기 오염

자연적인 상태에서 대기는 질소 78%와 산소 21%, 그리고 나머지 1%를 이산화탄소를 비롯한 아르곤, 헬륨 등이 차지합니다. 그러나 오염 물질 때문에 대기의 성분이 변하기도 하는데, 이러한 변화로 동식물의 생활이 영향을 받을 때 대기가 오염되었다고 합니다. 18세기 산업화 이후 대기 오염으로 대규모 피해가 생겨나면서 그 위험성이 처음 대두되었고, 세계 각국은 그 심각성을 깨달아 그에 대한 법령과 환경 기준을 정하였습니다.

스모그

1952년 산업화가 가장 먼저 일어난 영국 런던에서 도시 전체를 뒤덮는 안개 같은 기체로 243명이 사망하는 사건이 발생했습니다. 이것은 가정의 난방과 공장, 화력 발전소에서 사용한 석탄이 타면서 발생한 황산화물이 안개와 결합하여 공기 중에 오랫동안 머물며 인체에 해를 끼친 것입니다. 연기(smoke)와 안개(fog)의 합성어인 스모그(smog)로 이름 붙여진 이 현상은, 호흡 장애와 질식, 만성 폐 질환, 심장 이상 등의 증상을 유발하며 많은 피해자를 만들어 냈습니다.

석탄이 원인인 런던의 스모그와 달리 석유로 인한 로스앤젤레스형 스모그도 있습니다. 로스앤젤레스에서 처음 발생한 이 스모그는 자동차 배기가스 속의 질소 산화물이 공기 중의 탄화수소와 결합하면서 만들어진 것입니다. 이러한 화학 반응은 강한 햇빛에 의해 발생하기 때문에 광화학 스모그라고도 하며, 우리나라에서도 종종 일어납니다.

로스앤젤레스의 광화학 스모그
차량이 많고 인구가 밀집된 대도시에서 주로 발생하며, 특히 사람의 눈이나 식물에 피해를 준다.

오존 경보

성층권의 오존층은 태양으로부터 들어오는 자외선을 막아서 지구의 생명을 보호해 줍니다. 그러나 대류권에 있는 오존은 식물이 광합성을 하지 못하게 하여 농작물에 피해를 주며, 사람의 호흡기나 눈을 자극하여 인체에 해를 끼칩니다. 대류권의 오존은 주로 자동차 배기가스의 질소 산화물이 자외선에 반응하여 산소와 결합하면서 만들어지는 것으로, 햇빛이 강한 여름철과 오후에 그 수치가 높아집니다.

우리나라에서는 1995년부터 오존의 농도에 따라 생활 행동을 제한하는 3단계의 오존 경보 제도를 시행하고 있습니다. 오존이 많은 날은 운동을 삼가고 호흡기가 약한 어린이나 노약자는 바깥 활동을 줄여야 하며, 평소에 질소 산화물이 나오는 스프레이, 드라이클리닝, 페인트칠 등을 줄이고 대중교통을 이용하여, 오존의 발생을 줄이도록 노력해야 합니다.

오존 경보제	오존 농도(/h)	피해 증상
오존 주의보	0.12ppm 이상	불쾌한 냄새, 눈과 코의 자극, 숨이 차고 두통.
오존 경보	0.3ppm 이상	호흡기 자극, 가슴 압박, 시력 감소.
오존 중대 경보	0.5ppm 이상	폐 기능 저하, 기관지 자극, 패혈증.

오존 경보제의 기준.

지구 온난화

지구 온난화란 지구 표면의 평균 온도가 상승하는 현상을 말합니다. 지구의 대기는 태양으로부터 흡수한 열에너지를 지구 밖으로 빠져나가지 못하게 하는 온실 역할을 하여, 지구를 동식물이 살기 좋은 환경으로 유지시켜 줍니다. 그러나 20세기에 들어 이산화탄소를 비롯한 온실 기체의 배출과 숲의 파괴로 지구의 온도는 급격히 높아지고 있습니다. 이러한 온난화는 세계 곳곳에서 기상 이변을 일으켜, 어느 지역에서는 불규칙한 폭우와 홍수가 이어지고 반대로 비가 오지 않은 곳은 점점 더 심한 가뭄에 시달리며, 빙하가 녹고 해수면이 높아져 사람이 살 수 있는 땅이 점점 줄어들고 있습니다. 이러한 피해를 막기 위해, 오늘날 세계 여러 나라는 온실 기체 방출량을 줄이도록 협약하고 있습니다.

칠레 파타고니아의 빙하 조각 지구 온난화의 영향으로 빙하의 녹는 속도가 점차 빨라지고 있다.

만 화 | 판 타 지 | 생 물 계 | 대 모 험
호머 사이언스
Homer Science
꼬리 없는 전사
2
"내 안에 있다는 마법의 힘……,
어떻게 해야 그 힘을
자유롭게 쓸 수 있을까?"
호머와 함께 공부하는 포유류의 특징!
피부, 체온 조절, 생식 방법, 몸의 기능 등
다양한 포유동물의 공통된 특징을 정리해 보세요!
글 곰돌이 co. | 그림 김신중 | 값 9,500원
근간 예정 | 호머 사이언스 ❸ – 사바나 초원의 비밀
호머 사이언스 ❶ – 알 수 없는 포유류
절찬 판매 중!
특별 선물
〈호머 사이언스 2〉
요리조리 움직이는
홀로그램 캐릭터 카드
호머 사이언스에 등장하는 캐릭터의
홀로그램 카드를 모아 보세요!
아이세움 www.i-seum.com 서울특별시 서초구 잠원동 41-10 전화 02) 3475-3846~7 팩스 02) 541-8249 (주) 미래엔 컬처그룹

지혜를 주는 성경 이야기
파워 바이블
1~10 완간
30만 독자의 선택!
성경이 재미있어지는 파워 바이블!
세계인의 교양서이지만, 수많은 등장인물과 사건들,
그 속에 담긴 비유의 말씀과 교훈들로 어렵게만 느껴지던 성경이
알찬 구성과 재치 있는 만화로 재탄생했습니다.
아이세움의 파워 바이블로 성경의 지혜와 감동을 선물하세요.
김신중 만화 | 염숙자 구성 | 김종혁 감수 | 각 권 8,500원~9,000원
성경을 읽는 키워드
파워 바이블 가이드북은
바이블 세트와 신약 세트에
들어 있습니다.
바이블 세트 (전 10권)
값 86,000원 (가이드북 포함)
신약 세트 (전 4권)
값 35,000원 (가이드북 포함)
구약 세트 (전 6권)
값 51,000원
지혜를 주는 성경 이야기
① 천지 창조에서 요셉 이야기까지
② 이스라엘 민족의 지도자 모세
③ 약속의 땅
④ 이스라엘의 위대한 왕, 다윗
⑤ 왕국의 분열
⑥ 멸망과 약속 (구약 완간)
⑦ 예수님의 탄생
⑧ 구원의 빛
⑨ 새 언약의 백성
⑩ 영원한 나라 (신약 완간)
아이세움 www.i-seum.com 서울특별시 서초구 잠원동 41-10 전화 02) 3475-3846~7 팩스 02) 541-8249 (주) 미래엔 컬처그룹